SYLLABAIRE

DE LA

NOUVELLE MÉTHODE DE LECTURE

DITE DE N.-D.,

A l'usage des Écoles

DIRIGÉES PAR LES SERVANTES DE MARIE,

APPROUVÉ

PAR Mgr L'ÉVÊQUE DE BAYONNE.

PAU,

IMPRIMERIE DE É. VIGNANCOUR.

1852.

ÉVÊCHÉ DE BAYONNE.

Nous, ÉVÊQUE DE BAYONNE, *avons approuvé et approuvons par les présentes la Méthode de lecture, avec Syllabaire et Prières à l'usage des écoles dirigées par les Servantes de Marie.*

Bayonne, le 12 *janvier* 1852.

† FRANÇOIS, ÉVÊQUE DE BAYONNE.

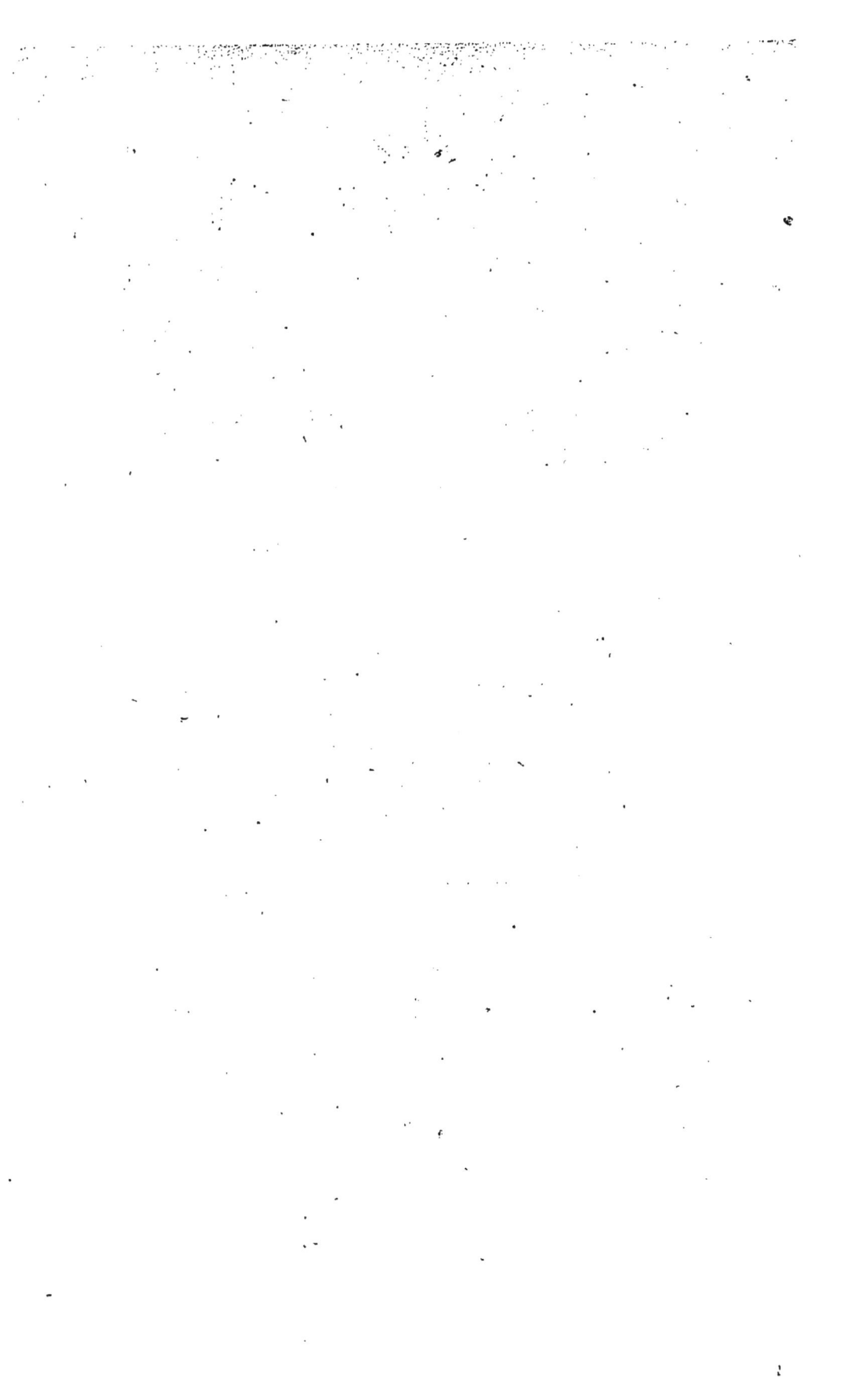

EXERCICES

POUR LA MÉTHODE N. D.

1.er EXERCICE.

a. b. c. d. e.

é. è. f. g. h.

i. j. k. l. m.

n. o. p. qu. q.

r. s. t. u. v.
x. y. z.

ai, au, eu,
oi, ou, eau,
ph, gn, ch.
1, 2, 3, 4, 5,
6, 7, 8, 9, 0.

2.° EXERCICE.

1° d. e. o. l. r. é.
m. a. qu. x. b. n. ch.

2° c. r. x. a. ou.
ph. qu. oi. p. h. d.
x. s.

3° ai. è. d. gn. au.
p. s. x. gn. h. n. f.
qu.

4° o. b. e. i. u. h.

d. n. t. l. v. x. z.
k. z. y. z.

5° f. ou. t. g. d.
t. n. oi. ch. x. j. k.
z. qu. v.

6° z. s. a. l. z. h.
oi. eu. k. p. gn. é.
b. f.

7° f. ph. d. j. n.
qu. è. ai. t. ch. b.
g. u. s. l.

8° ai. g. oi. m.
z. v. x. eu. ph. s.
e. v. y. h. o.

9° b. c. l. x. ou.
qu. x. n. d. l. gn.
x. z. k. s. v.

Suite du 2.e Exercice.

1° 3. 7. 5. 8. 4. 9.
2. 1. 3. 7. 4. 8. 6. 2.
9. 3. 6. 8. 4.

2° 9. 3. 1. 8. 7. 2.

4. 8. 6. 2. 5. 1. 8. 4.
2. 8. 1. 5. 2.

3° 5. 2. 4. 8. 2. 9.
7. 4. 1. 9. 5. 2. 4. 8.
1. 7. 2. 9.

4° 7. 4. 2. 1. 8. 2
9. 3. 2. 7. 5. 1. 7. 2.
9. 5. 3. 9. 4.

5° 2. 8. 4. 7. 6.
2. 5. 9. 1. 3. 7. 4.
9. 2. 5. 8. 3. 7. 8.

3e EXERCICE.

1° ba. ca. da. fa. ga. ha. ja. ka. la. ma. na. pa. qua. ra. sa. ta. va. xa. ya. za. cha. pha. gna.

2° be. ce. de. fe. ge. he. je. ke. le. me. ne. pe. que. re. se. te. ve. xe. ye. ze. che. phe. gne.

3° bé. cé. dé. fé.

gé. hé. jé. ké. lé.
mé. né. pé. qué. ré.
sé. té. vé. xé. yé. zé.
ché. phé. gné.

4° bè. cè. dè. fè.
gè. hè. jè. kè. lè.
mè. nè. pè. què. rè.
sè. tè. vè. xè. yè. zè.
chè. phè. gnè.

5° bi. ci. di. fi. gi.
hi. ji. ki. li. mi. ni.
pi. qui. ri. si. ti. vi.
xi. yi. zi. chi. phi.
gni.

6° bo. co. do. fo. go. ho. jo. ko. lo. mo. no. po. quo. ro. so. to. vo. xo. yo. zo. cho. pho. gno.

7° bu. cu. du. fu. gu. hu. ju. ku. lu. mu. nu. pu. ru. su. tu. vu. xu. yu. zu. chu. phu. gnu.

8° by. cy. dy. fy. gy. hy. jy. ky. ly. my. ny. py. quy. ry. sy.

ty. vy. xy. zy. chy. phy. gny.

9° bai. cai. dai. fai. gai. hai. jai. kai. lai. mai. nai. pai. quai. rai. sai. tai. vai. xai. yai. zai. chai. phai. gnai.

10° bau. cau. dau. fau. gau. hau. jau. kau. lau. mau. nau. pau. quau. rau. sau. tau. vau. xau. yau.

zau. chau. phau. gnau.

11° beu. ceu. deu. feu. geu. heu. jeu. leu. meu. neu. peu. queu. reu. seu. teu. veu. xeu. yeu. zeu. cheu. pheu. gneu.

12° boi. coi. doi. foi. goi. hoi. joi. koi. loi. moi. noi. poi. quoi. roi. soi. toi. voi. xoi. yoi. zoi.

choi. phoi. gnoi.

13° bou. cou. dou. fou. gou. hou. jou. kou. lou. mou. nou. pou. quou. rou. sou. tou. vou. xou. you. zou. chou. phou. gnou.

Application du 3e Exercice.

1° Di-eu se-ra le pè-re de l'â-me fi-dè-le.

2° Ma-ri-e se-ra

ma mè-re.

3° La pi-ti-é fi-li-a-le se-ra bé-nie de Di-eu.

4° Ce-lui qui mé-di-te se sau-ve-ra.

5° Le mé-ri-te ga-gne à se ca-cher.

6° La loi de Di-eu, pha-re de la vi-e.

7° La fa-mi-li-a-ri-té mau-vai-se.

8° Ce-lui qui ai-me

Ma-ri-e se-ra bé-ni de Di-eu.

9° Je vous sou-hai-te la paix.

10° Si vous ai-mez Di-eu la paix ré-gne-ra et fe-ra la fé-li-ci-té de tous.

11° Ne re-bu-tez ja-mais ce-lui qui veut re-ve-nir à Di-eu

12° Le mé-ri-te mo-des-te phé-no-mè-ne ra-re.

13° La cha-ri-té tou-che le cœur de Di-eu.

14° Mau-dit soit le cœur mau-vais.

15° La pu-re-té de Ma-ri-e a é-té la joi-e de Jé-sus.

16° Sa mo-des-ti-e se-ra le mo-dè-le de tou-tes les jeu-nes â-mes.

17° Di-re peu, fai-re beau-coup, qua-li-tés ra-res.

18° **Ma-ri-e mè-re de pi-ti-é se-ra beau-coup ai-mé-e de tous.**

Supplément au 3e Exercice.

1° **ca. co. cu. cai. cau. coi. cou.**

2° **ga. go. gu. gai. gau. goi. gou.**

3° **ce. ci. ceu. ceau.**

4° **ge. gi. geu. geo.**

5° **ça. çe. çi. ço. çu. çai. çau. çoi. çou.**

4e EXERCICE.

1° ab. ac. ad. af. ag. ah. aj. ak. al. am. an. ap. aq. ar. as. at. av. ax. ay. az. ach. aph. agn.

2° eb. ec. ed. ef. eg. eh. ej. ek. el. em. en. ep. eq. er. es. et. ev. ex. ey. ez. ech. eph. egn.

3° ib. ic. id. if. ig. ih. ij. ik. il. im. in. ip. iq. ir. is. it. iv. ix. iy. iz. ich. iph. ign.

4° ob. oc. od. of. og. oh. oj. ok. ol. om. on. op. oq. or. os. ot. ov. ox. oy. oz. och. oph. ogn.

5.° ub. uc. ud. uf. ug. uh. uj. uk. ul. um. un. up. ur. us. ut. uv. ux. uy. uz. uch. uph. ugn.

6° aib. aic. aid. aif. aig. aih. aij. aik. ail. aim. ain. aip. aiq. air. ais. ait. aiv. aix. aiy. aiz. aich. aiph. aign.

7° aub. auc. aud. auf. aug. auh. auj. auk. aul. aum. aun. aup. auq. aur. aus. aut. auv. aux. auy. auz. auch. auph. augn.

8° eub. euc. eud. euf. eug. euh. euj. euk. eul. eum. eun. eup. eur. eus. eut. euv. eux. euz. euy. euch. euph. eugn.

9° oib. oic. oid. oif. oig. oih. oij. oik. oil. oim. oin. oip. oir. ois. oit. oiv. oix. oiy. oiz. oich. oiph. oign.

10° oub. ouc. oud. ouf. oug. ouh. ouj. ouk. oul. oum. oun. oup. ouq. our. ous. out. ouv. oux. ouy. ouz. ouch. ouph. ougn.

Application du 4e Exercice.

1° La lou-an-ge a gâ-té bi-en des â-mes ver-tu-eu-ses et fait pé-rir dans leurs sour-ces des qua-li-tés ra-res.

2° Le zè-le de la mai-son de Di-eu dé-vo-re les â-mes sain-tes.

3° La cha-ri-té rend heureux les hom-mes sur la ter-re.

4° Le mé-chant in-ven-te le mal et le sup-po-se fa-ci-le-ment.

5° E-vi-tez la mau-vai-se com-pa-gnie et vous con-ser-ve-rez la sa-ges-se.

6° La joi-e du ma-li-ci-eux ne se-ra pas de lon-gue du-ré-e.

7° L'au-mô-ne dé-li-vre l'â-me du châ-ti-ment de la jus-ti-ce di-vi-ne.

8° La ver-tu é-di-fi-e et ins-pi-re le bien.

9 La dou-ceur ga-gne les â-mes et chan-ge les cœurs.

10° L'al-li-a-ge du bi-en et du mal est u-ne il-lu-si-on qui sé-duit les â-mes lé-gè-res.

11° Ne vous fâ-chez pas lé-gè-re-ment ; so-yez cal-me et re-te-nu.

12° Pour ga-gner le ci-el il faut se fai-re vi-o-len-ce tous les jours.

13° La sa-ges-se di-vi-ne fait le bon-heur de l'â-me sur la ter-re.

14° Le joug du Sei-gneur est doux.

5e EXERCICE.

1° bla. ble. blé. blè. bli. blo. blu. blai. blau. bleu. bloi. blou. blay. bleau.

2° cla. cle. clé. clè. cli. clo. clu. clai. clau. cleu. cloi. clou. clay. cleau.

3° fla. fle. flé. flè. fli. flo. flu. flai. flau. fleu. floi. flou. flay. fleau.

4° gla. gle. glé. glè. gli. glo. glu. glai. glau. gleu. gloi. glou. glay. gleau.

5° pla. ple. plé. plè. pli. plo. plu. plai. plau. pleu. ploi. plou. play. pleau. phla. phle. phlo.

Application du 5e Exercice.

1° La clé-men-ce plaît à Di-eu et a fait plu-si-eurs fois pli-er et flé-chir les cœurs les plus durs.

2° Cher-cher à plai-re aux hom-mes et se glo-ri-fi-er dans les bi-ens pé-ris-sa-bles, c'est dé-plai-re à Di-eu. Aveu-gle qui se flat-te d'y jou-ir d'u-ne gloi-re vé-ri-ta-ble.

3° Plus vous pleu-rez vos pé-chés, plus vous plai-rez à l'ai-ma-ble sau-veur qui les a pleu-rés pour vous.

4° S'en-fler de la gloi-re pé-ris-sa-ble ; c'est ê-tre s'em-bla-ble au ba-lon qui flot-te dans l'air un peu et s'en-glou-tit.

Suite du 5.e Exercice.

1° bra. bre. bré. brè. bri. bro. bru. brai. brau breu. broi. brou. bray.

2° cra. cre. cré crè. cri. cro. cru. crai. crau. creu. croi. crou. cray.

3° dra. dre. dré drè. dri. dro. dru. drai. drau. dreu. drai. drou. dray.

4° fra. fre. fré. frè. fri. fro. fru. frai. frau. freu. froi. frou. fray.

5° gra. gre. gré grè. gri. gro. gru. grai. grau. greu. groi. grou. gray.

6° pra. pre. pré. prè. pri. pro. pru. prai. prau. preu. proi. prou. pray.

7° tra. tre. tré. trè. tri. tro. tru. trai. trau. treu. troi. trou. tray.

8° vra. vre. vré. vrè. vri. vro. vru. vrai. vrau. vreu. vroi. vrou. vray.

9° phra. phre. phré. phrè. phri. phro. phru. phrai. phrau. phreu. phroi. phrou.

Application du 5.e Exercice.

1° Le pau-vre est vo-tre sem-bla-ble. Crai-gnez de le con-tris-ter.

2° Vo-tre fra-gi-li-té très gran-de vous prou-ve que la vrai-e hu-mi-li-té doit ê-tre vo-tre par-ta-ge.

3° Crai-gnons et trem-blons et nous

n'au–rons pas à crain–dre de de–ve–nir la proi-e de no–tre cru–el en-ne-mi.

4° La vrai-e pru-den-ce nous pré-ser-ve des gra-ves chu-tes où nous en–traî–ne no–tre pré–ci-pi–ta–ti-on.

5° Le vrai n'est pas tou-jours vrais-sem–bla–ble.

6° Ne né–gli–gez pas les at–traits de la grâ–ce.

7° Dans vos croix n'ou–bli–ez pas la gloi–re du Ci–el.

8° La tris-tes-se en-gen–dre la mort, ne vous y li–vrez ja–mais.

9° Ju-das fut un traî–tre, n'a vez-vous pas tra–hi vo-tre Di–eu com–me lui.

10° La pri-è–re frap–pe à la por-te du cœur de Di–eu et l'ou-vre pres-que tou–jours.

11° Le mau–vais chré-ti-en est de glace pour Di–eu et brû-lant pour le mon-de.

6e EXERCICE (l mouillée).

ail. eil. œil. ouil. ouail. euil.

Application du 6e Exercice.

1° Le Sei-gneur veil-le sur le mé-chant.

2° Son œil fouil-le dans la cons-cien-ce cou-pa-ble.

3° Le pas-teur prend soin de ses ouail-les.

4° Il veil-le sur el-les et les ra-mè-ne au ber-cail pour qu'el-les n'ail-lent pas s'é-ga-rer.

5° L'or-gu-eil est l'é-cueil de la ver-tu.

6° Le so-leil est l'i-ma-ge du Sau-veur.

7° Le som-meil rap-pel-le la mort.

8° Le ré-veil i-ma-ge de la ré-sur-rec-tion.

9° Le mé-chant pa-reil à la bru-te.

10° Ay-ez des en-trail-les de mi-sé-ri-cor-de.

11° Ne souil-lez pas vo-tre â-me par le pé-ché.

12° Le tra-vail est no-tre pé-ni-ten-ce.

13° L'hu-mi-li-té o-pè-re des mer-veil-les.

14° L'or-gueil cha-touil-le le cœur mais il le souil-le et le pour-rit.

7.e EXERCICE.

1° Sba. sbe. sbè. sbi. sbo. sbu. sby.

2° Sca. sce. scè. sci. sco. scu. scy.

3° Scha. sche. schè. schi. scho. schu. schy.
ch. ch. ch. q.

4° Scra. scre. scrè. scri. scro. scru. scry.

5° Spa. spe. spè. spi. spo. spu. spy.

6° Spha. sphe. sphè. sphi. spho. sphy.

7° Spla. sple. splè. spli. splo. splu. sply.

8° Squa. sque. squi. squo. squy.

9° Sta. ste. stè. sti. sto. stu sty.

10° Stra. stre. strè. stri. stro. stru. stry.

Application du 7e Exercice.

1° Le scan-dale est un pé-ché spé-cial.

2° Le sca-pu-laire est cher à Ma-ri-e.

3° Le scru-pu-le est très dan-ge-reux.

4° Ne sor-tez pas de vo-tre sphè-re.

5° Le schis-ma-ti-que n'est pas dans l'E-gli-se.

6° La ré-com-pen-se sti-mu-le la ver-tu.

7° S.t-Paul por-tait les stig-ma-tes de Jé-sus.

8° L'hum-ble bril-le-ra dans la splendeur des Saints.

9° Soyez strict dans l'ac-com-plis-sement de vos de-voirs

10° Vé-né-rez la sta-tu-e de la très-sainte-Vi-er-ge.

11° Le fi-gui-er sté-ri-le a é-té mau-dit.

12° Ses stra-ta-gè-mes ne ser-vi-ront de ri-en au mé-chant.

13° Ne so-yez pas com-me les scri-bes et les pha-ri-si-ens hy-po-cri-tes.

14° L'hom-me spi-ri-tu-el cher-che en tou-te cho-se Di-eu seul.

15° Sain-te Scho las-ti-que é-tait sœur de Saint Bé-noit.

16° La sci-en-ce en-fle, l'hu-mi-li-té é-di-fi-e.

17° La lan-gue mau-vai-se pi-que comme le scor-pi-on.

18° Le Sei-gneur scru-te les reins et les cœurs.

19° En fou-lant le re-mords le mé-chant de-vi-ent un scé-lé-rat.

20° Le sceau de la con-fes-si-on est in-vi-o-la-ble.

21° La plus bel-le per-son-ne ne se-ra un jour qu'un hi-deux sque-let-te.

22° L'en-fant sa-ge et stu-di-eux ré-jouit ses pa-rents.

23° Le stè-re est un mè-tre cu-be.

24° La vi-e du mon-de est u-ne rou-te sca-breu-se.

25° La pru-den-ce é-vi-te les scè-nes fâ-cheu-ses.

26° Le scan-da-leux est com-me u-ne scie mor-dan-te.

8.e EXERCICE.

1° œ́ux pour eu.

Les vœux sont agréables à Dieu.

2° eau pour au.

Le péché est un lourd fardeau.

3° oient pour ouet. e*n*t pour et.

Les hommes voient la vanité du monde et ne se convertissent pas.

4° aient pour ait.

Les Apôtres avaient un courage Divin.

5° ein pour en. in pour en. en pour an.

L'impie n'a qu'une teinture de science, son cœur est plein d'orgueil.

L'enfant sage sera béni.

6° ents pour an. ap pour a.

Le bâptême est le premier des sacrements.

7° oug pour ouc. x pour z. s pour z.
Jésus a dit, mon joug est doux et mon fardeau léger.

8° chr pour cr.
Le chrétien fidèle est vraiment heureux.

9° ti pour ci.
Il trouve en Dieu sa consolation.

Lettres majuscules.

A. B. C. D. E. F. G. H.
a. b. c. d. e. f. g. h.
I. J. K. L. M. N. O. P.
i. j. k. l. m. n. o. p.
Q. R. S. T. U. V. X. Y. Z.
q. r. s. t. u. v. x. y. z.

Lettres italiques.

a. b. c. d. e. f. g. h. i. j.
k. l. m. n. o. p. q. r. s. t.
u. v. x. y. z.

PRIÈRES DIVERSES.

ORAISON DOMINICALE.

No-tre Pè-re, qui ê-tes aux Ci-eux; que vo-tre Nom soit sanc-ti-fi-é; que vo-tre rè-gne ar-ri-ve; que vo-tre vo-lon-té soit fai-te sur la Ter-re com-me dans le Ci-el; don-nez-nous au-jour-d'hui no-tre pain de cha-que jour; par-don-nez-nous nos of-fen-ses, com-me nous par-don-nons à ceux qui nous ont of-fen-sés; et ne nous in-dui-sez point en ten-ta-tion; mais dé-li-vrez-nous du mal. Ain-si soit-il.

Notre Père, qui êtes aux Cieux; que votre Nom soit sanctifié; que votre règne arrive; que votre volonté soit faite sur la Terre comme dans le Ciel; donnez-nous aujourd'hui notre pain de chaque jour; pardonnez-nous nos offenses, comme nous pardonnons à ceux qui nous ont offensés; et ne nous induisez point en tentation; mais délivrez-nous du mal. Ainsi soit-il.

SALUTATION ANGÉLIQUE.

Je vous sa-lue, Ma-rie, plei-ne de grâ-ce, le Sei-gneur est a-vec vous; vous ê-tes bé-nie en-tre tou-tes les fem-mes, et Jé-sus, le fruit de vos en-trail-les, est bé-ni.

Sain-te-Ma-rie, Mè-re de Di-eu, pri-ez pour nous pau-vres pé-cheurs, main-te-nant et à l'heu-re de no-tre mort. Ain-si soit-il.

Je vous salue, Marie, pleine de grâce,

le Seigneur est avec vous; vous êtes bénie entre toutes les femmes, et Jésus, le fruit de vos entrailles, est béni.

Sainte-Marie, Mère de Dieu, priez pour nous pauvres pécheurs, maintenant et à l'heure de notre mort. Ainsi soit-il.

SYMBOLE DES APÔTRES.

Je crois en Di-eu, le Pè-re tout-puis-sant, cré-a-teur du Ci-el et de la Ter-re; et en Jé-sus-Christ son Fils u-ni-que, No-tre-Sei-gneur; qui a é-t-é con-çu du Saint-Es-prit, est né de la vi-er-ge Ma-rie; a souf-fert sous Pon-ce Pi-la-te; a é-t-é cru-ci-fi-é, est mort, et a é-t-é en-se-ve-li; est des-cen-du aux En-fers, le troi-si-è-me jour est res-sus-ci-té des morts; est mon-té aux Cieux; est as-sis à la droi-te de Di-eu le Pè-re tout-puis-sant, d'où il vien-dra ju-ger les vi-vans et les morts.

Je crois au Saint-Es-prit, la Sain-te E-gli-se Ca-tho-li-que, la com-mu-ni-on des Saints, la ré-mis-sion des pé-chés, la ré-sur-rec-tion de la chair, la vie é-ter-nel-le. Ainsi soit-il.

Je crois en Dieu, le Père tout-puissant, créateur du Ciel et de la Terre; et en Jésus-Christ son fils unique, Notre-Seigneur; qui a été conçu du Saint-Esprit, est né de la vierge Marie; a souffert sous Ponce Pilate; a été crucifié, est mort et a été enseveli: est descendu aux Enfers, le troisième jour est ressuscité des morts; est monté aux Cieux; est assis à la droite de Dieu le Père tout-puissant, d'où il viendra juger les vivans et les morts.

Je crois au Saint-Esprit, la Sainte Eglise Catholique, la communion des Saints, la rémission des péchés, la résurrection de la chair, la vie éternelle. Ainsi soit-il.

Confession des Péchés.

Je con-fes-se à Di-eu tout-puis-sant, à la bi-en-heu-reu-se Ma-ri-e tou-jours Vi-er-ge, à Saint-Mi-chel Ar-chan-ge, à Saint-Jean-

Bap-tis-te, aux A-pô-tres Saint-Pi-er-re et Saint-Paul, à tous les Saints, et à vous, mon Pè-re, que j'ai beau-coup pé-ché, par pen-sé-es, par pa-ro-les et par ac-ti-ons: *c'est ma fau-te, c'est ma fau-te, c'est ma très-grande fau-te.* C'est pour-quoi je prie la bien-heu-reu-se Ma-ri-e tou-jours Vi-er-ge, Saint-Mi-chel Ar-chan-ge, Saint-Jean-Bap-tis-te, les A-pô-tres Saint-Pi-er-re et Saint-Paul, tous les Saints, et vous, mon Pè-re, de pri-er pour moi le Sei-gneur notre Di-eu.

Je confesse à Dieu tout-puissant, à la bienheureuse Marie toujours Vierge, à Saint-Michel Archange, à Saint-Jean-Baptiste, aux Apôtres Saint Pierre et Saint Paul, à tous les Saints, et à vous, mon Père, que j'ai beaucoup péché, par pensées, par paroles et par actions: *c'est ma faute, c'est ma faute, c'est ma très-grande faute.* C'est pourquoi je prie la bienheureuse Marie toujours Vierge, Saint-

Michel Archange, Saint Jean Baptiste, les Apôtres Saint Pierre et Saint Paul, tous les Saints, et vous, mon Père, de prier pour moi le Seigneur notre Dieu.

Commandements de Dieu.

Un seul Di-eu tu a-do-re-ras,
Et ai-me-ras par-fai-te-ment.
Di-eu en vain tu ne ju-re-ras,
Ni au-tre cho-se pa-reil-le-ment.
Les Di-man-ches tu gar-de-ras,
En ser-vant Di-eu dé-vo-te-ment.
Tes Pè-re et Mè-re ho-no-re-ras,
A-fin de vi-vre lon-gue-ment.
Ho-mi-ci-de point ne se-ras,
De fait ni vo-lon-tai-re-ment.
Lux-u-ri-eux point ne se-ras,
De corps ni de con-sen-te-ment.
Le bi-en d'au-trui tu ne pren-dras,
Ni re-ti-en-dras en le sa-chant.
Faux té-moi-gna-ge ne di-ras,
Ni men-ti-ras au-cu-ne-ment.

L'œu-vre de la chair tu ne dé-si-re-ras
Qu'en ma-ri-a-ge seu-lement.
Les bi-ens d'au-trui tu ne con-voi-te-ras
Pour les a-voir in-jus-te-ment.

COMMANDEMENTS DE L'ÉGLISE.

Les Di-man-ches Mes-se ouï-ras,
Et les Fê-tes pa-reil-le-ment.
Les Fê-tes tu sanc-ti-fi-e-ras
Qui te sont de com-man-de-ment.
Tous tes pé-chés con-fes-se-ras,
A tout le moins u-ne fois l'an.
Ton Cré-a-teur tu re-ce-vras,
Au moins à Pâ-ques hum-ble-ment.
Qua-tre-Temps, Vi-gi-les jeû-ne-ras,
Et le Ca-rê-me en-ti-è-re-ment.
Ven-dre-di chair ne man-ge-ras,
Ni le sa-me-di mê-me-ment.

Un seul Dieu tu adoreras,
Et aimeras parfaitement.
Dieu en vain tu ne jureras,
Ni autre chose pareillement.

Les Dimanches tu garderas,
En servant Dieu dévotement.
Tes Père et Mère honoreras,
Afin de vivre longuement.
Homicide point ne seras,
De fait ni volontairement.
Luxurieux point ne seras,
De corps ni de consentement.
Le bien d'autrui tu ne prendras,
Ni retiendras en le sachant.
Faux témoignage ne diras,
Ni mentiras aucunement.
L'œuvre de la chair tu ne désireras,
Qu'en mariage seulement.
Les biens d'autrui tu ne convoiteras
Pour les avoir injustement.

Les Dimanches Messe ouïras,
Et les Fêtes pareillement.
Les Fêtes tu sanctifieras
Qui te sont de commandement.
Tous tes péchés confesseras,
A tout le moins une fois l'an.

Ton Créateur tu recevras,
Au moins à Pâques humblement.
Quatre-Temps, Vigiles, jeûneras,
Et le Carême entièrement.
Vendredi chair ne mangeras,
Ni le samedi mêmement.

Acte de Foi.

Mon Di-eu, je crois fer-me-ment et de tout mon cœur, tout ce que croit et en-sei-gne la sain-te E-gli-se Ca-tho-li-que, A-pos-to-li-que et Ro-mai-ne, par-ce que vous le lui a-vez ré-vé-lé, et que vous ê-tes la vé-ri-té mê-me.

Mon Dieu, je crois fermement et de tout mon cœur, tout ce que croit et enseigne la sainte Eglise Catholique, Apostolique et Romaine, parce que vous le lui avez révélé, et que vous êtes la vérité même.

Acte d'Espérance.

Mon Di-eu, j'es-pè-re a-vec u-ne fer-me con-fi-an-ce, que vous me don-ne-rez, par les mé-ri-tes de Jé-sus-Christ, vo-tre grâ-ce en ce mon-de, et si j'ob-ser-ve vos saints com-man-de-mens, vo-tre gloire dans l'au-tre, par-ce que vous l'a-vez pro-mis, et que vous ê-tes sou-ve-rai-ne-ment fi-dè-le dans vos pro-mes-ses.

Mon Dieu, j'espère avec une ferme confiance, que vous me donnerez, par les mérites de Jésus-Christ, votre grâce en ce monde, et si j'observe vos saints commandements, votre gloire dans l'autre, parce que vous l'avez promis, et que vous êtes souverainement fidèle dans vos promesses.

Acte de Charité.

Mon Di-eu, je vous ai-me de tout mon cœur et par des-sus tou-tes cho-ses, par-ce que vous ê-tes in-fi-ni-ment bon et in-fi-ni-ment ai-ma-ble : j'ai-me mon Pro-chain com-me moi-mê-me pour l'a-mour de vous.

Mon Dieu, je vous aime de tout mon cœur et par dessus toutes choses, parce que vous êtes infiniment bon et infiniment aimable : j'aime mon Prochain comme moi-même pour l'amour de vous.

Acte de Contrition.

Mon Di-eu, j'ai u-ne ex-trê-me dou-leur de vous a-voir of-fen-sé. par-ce que vous ê-tes in-fi-ni-ment bon et in-fi-ni-ment ai-ma-ble, et que le Pé-ché vous dé-plaît. Par-don-nez-moi par les mé-ri-tes de Jé-sus-Christ ; je fais un fer-me pro-pos, moy-en-nant vo-tre sain-te grâce, de ne plus vous of-fen-ser et de fai-re pé-ni-ten-ce

---

Mon Dieu, j'ai une extrême douleur de vous avoir offensé, parce que vous êtes infiniment bon et infiniment aimable, et que le Péché vous déplaît. Pardonnez-moi par les mérites de Jésus-Christ ; je fais un ferme propos, moyennant votre sainte grâce, de ne plus vous offenser et de faire pénitence.

Sou-ve-nez-vous ô très-mi-sé-ri-cor-di-eu-se Vi-er-ge Ma-ri-e, qu'on n'a ja-mais en-ten-du di-re qu'au-cun de ceux qui ont eu re-cours à vous, qui ait im-plo-ré vo-tre as-sis-tan-ce et de-man-dé vo-tre se-cours ait é-té a-ban-don-né; a-ni-mé d'u-ne pa-reil-le con-fi-an-ce, ô Vi-er-ge mè-re des Vi-er-ges, je vi-ens, je cours à vous : gé-mis-sant sous le poids de mes pé-chés; je me pros-ter-ne à vos pieds, ô mè-re du Ver-be. Ne mé-pri-sez pas mes pri-è-res mais é-cou-tez-les fa-vo-ra-ble-ment, fai-tes que Di-eu m'ex-au-ce et me par-don-ne par vo-tre in-ter-ces-si-on. Ain-si soit-il.

Souvenez-vous ô très-miséricordieuse vierge Marie, qu'on n'a jamais entendu dire qu'aucun de ceux qui ont eu recours à vous, qui ait imploré votre assistance et demandé votre secours ait été abandonné; animé d'une pareille confiance, ô vierge mère des vierges, je viens, je cours à vous : gémissant sous le poids de mes péchés, je me prosterne à vos pieds, ô mère du Verbe. Ne méprisez pasmes prières mais écoutez-les favorablement, faites que Dieu m'exauce et me pardonne par votre intercession. Ainsi soit-il.

Pater noster, qui es in Cœlis, sanctificetur nomen tuum; adveniat regnum tuum; fiat voluntas tua sicut in Cœlo et in Terra: panem nostrum quotidianum da nobis hodiè; et dimitte nobis debita nostra, sicut et nos dimittimus debitoribus nostris; et ne nos inducas in tentationem; sed libera nos à malo. Amen.

Ave Maria, gratiâ plena, Dominus tecum, benedicta tu in mulieribus, et benedictus fructus ventris tui, Jesus.

Sancta Maria, Mater Dei, ora pro nobis, peccatoribus, nunc et in hora mortis nostræ. Amen.

Credo in Deum, Patrem omnipotentem, creatorem Cœli et Terræ, et in Jesum Christum, Filium ejus unicum, Dominum nostrum; qui conceptus est de Spiritu Sancto, natus ex Maria Virgine; passus sub Pontio Pilato; crucifixus, mortuus et sepultus, descendit ad inferos; tertiâ die resurexit à mortuis; ascendit ad Cœlos, sedet ad dexteram Dei Patris omnipotentis; indê venturus est judicare vivos et mortuos.

Credo in Spiritum Sanctum, Sanctam Ecclesiam Catholicam, Sanctorum communionem, remissionem peccatorum, carnis resurrectionem, vitam æternam. Amen.

De Profundis.

De profundis clamavi ad te, Domine : * Domine, exaudi vocem meam.

Fiant aures tuæ intendentes in vocem deprecationis meæ.

Si iniquitates observaveris, Domine, Domine, quis sustinebit?

Quia apud te propitiatio est, et propter legem tuam sustinui te, domine.

Sustinuit anima mea in verbo ejus : speravit anima mea in Domino.

A custodia matutina usque ad noctem speravit Israel in Domino.

Quia apud Dominum misericordia, et copiosa apud eum redemptio.

Et ipse redimet Israel ex omnibus iniquitatibus ejus.

Gloria Patri, et filio et spiritui sancto.

Sicut erat in principio, et nunc et semper et in sœcula sœculorum Amen.

INSTRUCTION.

Lecture Courante.

Savez-vous, mon cher enfant, qui vous a donné la vie? C'est Dieu, c'est ce grand maître qui a créé le Ciel avec tous ces astres magnifiques que vous admirez; ce beau soleil qui éclaire et vivifie le monde; cette lune si belle qui brille dans la nuit; ces étoiles innombrables qui peuplent le firmament. C'est ce maître plein de puissance, de sagesse, d'intelligence et de bonté qui fait croître les plantes des champs, les fleurs de nos prairies, qui donne à l'homme, le pain qui le nourrit, et les vêtements qui le couvrent, c'est lui que vous appelez avec raison le bon Dieu; c'est lui, mon enfant, qui vous a mis au monde, qui entretient en vous la vie dont vous jouissez, et cette vie il vous l'a donnée et vous la conserve pour que vous le connaissiez, que vous l'aimiez et que vous le serviez avec fidélité ; c'est ce que font toutes les créatures du Ciel et de la terre.

C'est par ses ordres que la terre produit ces blés qui nous nourrissent, ces arbres qui se couronnent de ces beaux fruits que vous mangez avec tant de plaisir, ces belles pommes, ces poires succulentes, ces pêches douces et parfumées, ces excellentes prunes, ces cerises vermeilles, ces raisins dorés ; tout cela, Dieu le fait pour vous, et c'est par ses ordres et pour lui obéir que tout cela vient en sa saison ; mais si Dieu a fait tout cela pour vous, vous, cher enfant, il vous a fait pour lui. Je vous le répète, pour lui seul : lorsque vous jouissiez de la vie et des dons qui vous la rendent aimable, vous devez le remercier, et le bénir, parce que c'est lui qui vous donne tout, et que sans lui vous n'auriez rien.

Il ordonne au bœuf de labourer vos terres et de traîner vos fardeaux. Il commande au cheval de vous porter et de vous aider en tous vos travaux. Il veut que la vache vous nourrisse de son lait; que la brebis vous couvre de sa toison; que le chien vous suive, vous accompagne et vous garde; que l'oiseau vous réjouisse de son chant.

En un mot, cher enfant, à lui seul vous devez tout. Il vous a tout donné, mais il veut que vous soyez à lui, à lui pendant la vie, à lui par la foi en croyant toutes les vérités qu'il vous a révélées par sa sainte Église, à lui, par l'espérance, à lui par l'amour; à lui cher enfant, pendant la vie, mais à lui surtout après votre mort et pendant toute l'éternité.

Car, mon enfant, vous devez mourir un jour. Mourir, c'est un mot que vous comprenez déjà, mais que vous comprendrez mieux encore plus tard. Vous devez mourir! c'est-à-dire qu'un jour viendra que tout sera fini pour vous sur la terre; vos yeux seront fermés et ne verront plus cette brillante lumière du soleil et du jour; ils seront fermés pour toujours ; vos oreilles n'entendront plus rien ; votre langue ne parlera plus , et votre corps sera porté en terre et mis dans une fosse pour y devenir la proie de la pourriture et des vers, et l'herbe viendra sur votre tombe , et on ne se souviendra pas plus de vous que si vous n'aviez jamais vécu.

Cela vous paraît triste, cher enfant , mais cela est ainsi ; et cette loi terrible de la mort , tous doivent la subir. Cependant, ne vous affligez pas trop de la mort , car si notre corps est détruit par cette inexorable mort, notre âme doit survivre et ne périra jamais.

Votre âme , mon enfant, c'est vous même ; car votre main , votre pied , ce n'est pas vous même , vous ne dites pas : ma main veut, mon pied veut ; vous dites : je veux ; eh ! bien , ce quelque chose que vous sentez en vous qui veut , qui ne veut pas , qui s'attriste, qui se réjouit, qui sent de la consolation quand vous faites le bien, de la peine quand vous faites le mal, cela, mon enfant, c'est votre âme, c'est vous même, et c'est cette âme que Dieu a créée à son image et à sa ressemblance. Ce n'est pas un corps que l'on puisse voir ou toucher, c'est un esprit, ou un être spirituel que Dieu a uni à votre corps pour le diriger et le conduire dans la voie de la sainteté et de la justice. Cet esprit ou cette âme, cher enfant, ne mourra jamais, c'est-à-dire qu'elle ne sera jamais détruite : mais que deviendra-t-elle donc quand votre corps aura été frappé par la mort? Vous le comprendrez quand je vous aurai raconté son histoire; écoutez-moi avec attention.

Le bon Dieu avait créé l'homme et la femme dans un état d'innocence et de bonheur; ils s'appelaient Adam et Ève. Ils avaient un pouvoir immense sur tout ce qui était sur la terre, parce qu'ils étaient les amis et les représentants de Dieu, les dépositaires de son autorité : ils devaient aussi louer Dieu, le bénir, le glorifier et lui rendre au nom de toutes les créatures les hommages d'amour, de gloire et de reconnaissance qui lui sont dus. Ils étaient heureux, ils devaient l'être toujours et leur bonheur devait passer à tous leurs enfans dans toute la durée des siècles : hélas! il n'en fut pas ainsi; le Démon, c'est-à-dire un ange du ciel qui avait été l'ami de Dieu, mais qui par orgueil s'était révolté contre Dieu et avait été frappé par la puissance divine, et qui dès-lors était tombé dans l'abîme de la malice, de la haine et du malheur; ce Démon jaloux du bonheur de nos premiers parents, entreprit de les perdre et il y réussit.

Le bon Dieu, pour tenir l'homme dans les sentimens de dépendance et lui rappeler qu'il avait un maître au-dessus de lui, lui avait défendu de manger du fruit d'un arbre qu'il avait placé au milieu du paradis terrestre où étaient nos premiers parents; cette défense était sous les peines les plus terribles, non-seulement pour lui mais encore pour sa postérité. Le démon savait cela, il tenta nos premiers parents, et les engagea à en manger, leur promettant qu'après en avoir mangé, ils seraient autant que Dieu : ils se laissèrent persuader et gagner ; ils mangèrent du fruit défendu, et à peine en eurent-ils mangé, qu'ils comprirent leur malheur ; ils devinrent les ennemis de Dieu, condamnés à être malheureux sur la terre, et infiniment plus malheureux encore pendant toute l'éternité, et nous comme eux et avec eux ; et leur malheur et le nôtre était sans remède, cher enfant, et serait demeuré sans remède, si ce n'eût été la grande miséricorde de Dieu. Et voici ce que fit cette infinie miséricorde pour réparer le malheur de l'homme tombé.

Il y a en Dieu trois personnes distinctes ; le Père, le Fils et le Saint-Esprit ; mais ces trois personnes divines ne sont qu'un seul et même Dieu. Ce fut dans le conseil de ces trois personnes divines que fut décidée la grande question de la rédemption de l'homme perdu par la désobéissance que je vous ai racontée. Il fut résolu que le Fils de Dieu, la seconde personne de l'adorable Trinité, viendrait sur la terre dans la plénitude des temps; qu'il prendrait un corps et une âme, qu'il se ferait homme semblable à nous dans le sein d'une Vierge très-pure par l'opération du S.t-Esprit qui est la troisième personne de la très-Sainte Trinité; et cette Vierge admirable destinée à devenir la mère du Rédempteur devait être, par un privilège unique et tout spécial, préservée de cette tâche originelle qui souille tous les hommes qui naissent dans le monde.

Ce Sauveur adorable fut promis d'abord à nos premiers parents, et cette promesse si consolante devint le fondement de leur foi, de leur espérance et de leur amour. Ils virent dans l'avenir cette victime sainte qui devait un jour être immolée pour eux et pour tous les hommes. Ils unirent leur pénitence à ses douleurs divines, et cette union mystérieuse donna à leur expiation un prix d'une valeur infinie et leur âme put ainsi trouver dans cette Rédemption la surabondance de la grâce et de la vie qu'ils avaient perdue par leur péché. Et ils reçurent de Dieu l'ordre de transmettre à leurs enfans cette divine espérance; et Dieu lui-même, pour la conserver pure à travers les passions de l'homme et les bouleversements des peuples, la fixa d'abord dans les familles des patriarches et plus tard dans le sein d'un peuple choisi qui fut appelé le peuple de Dieu.

Plus tard, cher enfant, vous apprendrez l'histoire de ce peuple. Je me contente de vous dire que lorsque les temps fixés par la volonté divine furent accomplis, ce Sauveur promis depuis l'origine et qui avait été l'objet de l'attente des nations, s'incarna dans le sein de la Vierge admirable par l'opération divine de l'Esprit Saint ; et à l'heure marquée par les Prophètes, il entra dans le monde et prit naissance dans une pauvre étable à Bethléem au milieu de la nuit.

Son avènement fut salué par les anges du Ciel qui firent entendre ce magnifique cantique : gloire à Dieu au plus haut des Cieux et paix aux hommes de bonne volonté sur la terre; et les bergers accoururent pour l'adorer, et les mages guidés par une étoile miraculeuse vinrent de l'Orient pour lui offrir avec leur cœur la myrrhe, l'or et l'encens. Mais bientôt l'adorable enfant, qui fut appelé Jésus, c'est-à-dire Sauveur, qui n'était venu dans le monde que pour souffrir et mourir, et le sauver par ses souffrances et sa mort, fut persécuté par Hérode, roi des Juifs.

Quoique Dieu et maître de l'Univers, il voulut fuir et se réfugier en Egypte avec la Vierge Marie sa mère et S.t-Joseph, époux de Marie et que l'on croyait être son père. Là, il vécut dans la pauvreté du travail de S.t-Joseph et de la Vierge

Marie, et toujours soumis à la volonté de son père céleste, il revint en Judée après la mort d'Hérode, et vint habiter le petit village de Nazareth où il voulut vivre pauvre et caché, pratiquant en silence et dans l'obscurité les vertus les plus sublimes et celle d'obéissance par dessus toutes les autres.

Comme il venait sur la terre pour être à la fois notre Sauveur et notre modèle, il voulut par cette vie obscure et retirée, nous faire comprendre que c'est dans la retraite et la solitude que l'âme fidèle doit s'unir à Dieu, recevoir sa divine lumière et se préparer à l'accomplissement de son adorable volonté. Arrêtons-nous donc un instant sur cet enfant adorable, étudions cet aimable Sauveur dans l'intérieur de sa retraite avec Joseph et Marie, sa divine mère. Ne parlons pas de sa beauté qui ravissait les anges et les hommes : son regard était si doux, l'ineffable expression de sa figure pénétrait si profondément les âmes, qu'au rapport de S.t-Jean Damasiène, il suffisait de le regarder pour éprouver un inexprimable sentiment de paix et de bonheur. Mais parlons surtout de ses vertus ; c'est ici, cher enfant, que l'aimable Jésus sera votre modèle.

Vous adorerez d'abord et vous imiterez son obéissance. Il obéissait à Marie et à Joseph ; toujours et à toutes les heures et en toute chose son obéissance était prompte; elle prévenait même leurs moindres désirs ; elle était toute cordiale et procédait d'une humilité profonde et d'un immense amour ; elle était généreuse, rien ne lui coûtait; son bonheur était dans les plus pénibles sacrifices; elle était toute divine et s'élevait vers son père céleste qu'il voyait partout, et que partout il adorait d'une adoration infinie.

Telle était l'obéissance du divin enfant, et telle doit être la vôtre si vous voulez être son ami et vivre dans son cœur ; et cette vertu vous suffira, cher enfant, car si vous la possédez, vous posséderez bientôt toutes les autres. Vous serez doux, humble, pur, discret, laborieux; vous serez aimé de Dieu, chéri de tous, et vous même vous aurez cette paix intérieure qui fait le charme de notre vie et le véritable bonheur sur la terre, en nous conduisant d'une manière assurée au bonheur du ciel.

Mais il est encore dans le cœur du divin enfant une disposition qu'il veut voir surtout régner dans le vôtre, c'est son amour pour sa divine mère. Après l'éternel amour qui fait l'union consubstantielle des trois personnes divines et auquel rien ne se peut, ni ne se doit comparer, nul amour ne fut ni ne sera comparable à l'amour de l'adorable Jésus pour sa très Sainte et tout aimable Mère. Il voyait en elle l'éternel objet de sa dilection et comme un reflet très pur de toutes ses perfections infinies; il voyait dans ce cœur virginal toutes les effusions de sa Sainteté, de sa charité, de son humilité, de son amour pour les hommes, de son dévouement pour leur bonheur infini et il l'aimait de toute la puissance de son amour. Ainsi, veut-il, cher enfant, que vous l'aimiez vous même, et en aimant Marie vous aimerez Jésus, car le cœur de Marie et tout ce qu'on lui donne est pour Jésus l'unique objet de son amour.

Jésus passa trente ans dans la retraite de Nazareth, et au temps fixé par la volonté de son père céleste, il entra dans la carrière évangélique. Il se montra aux hommes et leur fit entendre la doctrine nouvelle qu'il avait apportée du Ciel. Il choisit douze Apôtres parmi les classes les plus pauvres; ce furent de simples pêcheurs qui, jusque là, n'avaient connu que leur barque et leur filet; et les destina à devenir un jour le sel de la terre et la lumière du monde.

Pour les former à leurs grandes destinées, il s'attacha à faire pénétrer dans leur cœur les maximes nouvelles qu'il venait apporter au monde : « Bienheureux les pauvres; bienheureux ceux qui pleurent ; bienheureux ceux qui souffrent ; bienheureux ceux qui sont persécutés pour la justice ; faites du bien à ceux qui vous haïssent et priez pour ceux qui vous persécutent. Malheur au monde à cause de ses scandales ! »

Cette séparation qu'il fait entre lui et le monde est un des traits les plus étonnants de cette nouvelle doctrine , et nous révèle une vie jusque là inconnue ; la vie de l'âme par l'union avec Dieu et la destruction de la nature corrompue ; c'est-à-dire de l'orgueil, de l'attache aux biens périssables de la terre et des plaisirs de la vie : et c'est aux pauvres , à ceux qui souffrent , à ceux qui s'humilient et se détachent des biens de ce monde et d'eux mêmes qu'est promise cette union sainte et bénie. Aussi le divin Sauveur, ne cesse-t-il de répéter ces paroles : « Si quelqu'un veut venir après moi , qu'il se renonce lui-même , qu'il porte sa croix tous les jours et qu'il me suive. »

Qui jamais eût osé parler ainsi, si ce n'est le divin maître qui a dans sa main une éternité de bonheur pour récompenser le dévouement et l'abnégation de toute la vie. Et les pauvres! oh! comme il les aimait! comme il veut qu'on les aime! Au grand jour du jugement il semble qu'il s'oubliera lui-même pour ne penser qu'à eux, pour ne tenir compte que de ce que l'on aura fait pour eux. Quelle tendresse pour tous ceux qui sont affligés et malheureux! « Venez à moi vous tous qui êtes dans les peines, qui ne pouvez plus porter le poids de vos douleurs et je vous redonnerai la force et la vie. » Et, en effet, il reçoit avec un ineffable amour tous ceux que la douleur et la peine conduisent à ses pieds. C'est la femme adultère qu'il console et réconcilie. C'est la pauvre pécheresse qu'il défend et qu'il justifie. Ici, il est le bon Pasteur qui va chercher la brebis égarée. Là, ce père tendre et miséricordieux qui va au devant de l'Enfant Prodigue, le presse contre son sein, l'arrose de ses larmes et lui pardonne toutes ses fautes avec tant d'amour. Il passe en faisant le bien; sa bouche ne s'ouvre que pour consoler et pour instruire; sa main ne s'étend que pour bénir; il multiplie les miracles toujours pour les malheureux, jamais pour lui-même. Ses paroles sont esprit et vie, et sa vie tout entière est vraiment la vie du fils unique de Dieu, plein de miséricorde, de grâce et de vérité.

Mais lorsqu'a sonné l'heure de l'immolation, il se prépare au sacrifice en Dieu Rédempteur. Par sa divine puissance, par sa sagesse, par son infinie charité, il institue ce sacrement tout d'amour où pendant toute la suite des siècles, il continuera sur l'autel l'offrande sanglante qu'il va bientôt consommer sur la Croix du Calvaire, source inépuisable de grâce par où les bénédictions divines descendent du Ciel et se répandent sans cesse, et toujours dans toutes les parties de l'univers; et puis, après l'agonie du Jardin des Olives, il se livre aux méchants, trahi par un de ses Apôtres, et se laisse maltraiter, frapper, calomnier, outrager, condamner à la mort; il prend la Croix sur ses épaules meurtries et monte au Calvaire; et là, on le dépouille de ses vêtements parce qu'il veut mourir pauvre. On cloue ses mains; on cloue ses pieds sur cette Croix; et, suspendu entre le Ciel et la terre, il verse goutte à goutte son sang pour le salut du monde. Sa tête est couronnée d'épines, ses yeux pleurent pour les pécheurs obstinés; sa bouche défaillante ne fait entendre que des paroles de paix et de miséricorde; il prie pour ceux qui le crucifient et les excuse devant son père; sa mère, sa divine mère est au pied de sa Croix, s'immolant avec lui et dans un même amour pour les pauvres pécheurs.

C'est le seul bien qui lui reste, et il s'en dépouille pour nous, il nous la donne pour mère; don sublime descendu de la Croix, de la bouche du Rédempteur mourant et s'immolant pour nous ! Jésus meurt, et pour l'homme tout change dans le Ciel et sur la terre. Désormais il peut tout auprès de Dieu. Il a dans sa main le sang du divin Sauveur, et par ce sang divin, il peut tout demander, il peut tout obtenir. Oh ! cher enfant, vous avez souvent devant les yeux l'image de Jésus crucifié. Ah ! regardez-la, méditez-la cette divine image, elle sera votre force dans le combat, votre consolation dans la peine, votre conseil dans les doutes, votre espérance contre les redoutables assauts du découragement et du désespoir. Elle sera votre sauvegarde pendant toute la vie, et votre amie la plus douce et la plus fidèle à l'heure terrible de la mort. Mais cher enfant, souvenez-vous qu'au pied de cette Croix était Marie votre bonne mère et jamais ne la séparez de son divin fils! Marie sera toute puissante avec Jésus; Jésus sera toujours tout miséricordieux avec Marie.

Le Sauveur ressucite le troisième jour

après sa mort, il demeure avec ses disciples pendant 40 jours et puis il monte au ciel et du haut du ciel, le saint-jour de la Pentecôte, il envoie son Esprit qui est aussi l'esprit de son père, esprit de lumière, de force et d'amour. Les apôtres sous la protection de la Très-Sainte-Vierge le reçoivent dans le cénacle, et de là ils se répandent dans la Judée d'abord, et puis dans toutes les parties du monde, enflammés, dévorés par le zèle de la gloire de leur divin Maître et le salut des hommes. Le monde se soulève contr'eux; ils n'ont pour se défendre ni or, ni crédit, ni éloquence, mais Dieu est avec eux; leur bon maître a vaincu le monde, ils le vaincront aussi et la divine lumière s'étendant dans le monde chasse les ténèbres de l'idolatrie; les idoles tombent et partout la croix de Jésus radieuse et triomphante devient le symbole unique de la paix et du bonheur.

Les Apôtres moururent aussi pour leur maître, mais avant de mourir et selon ses ordre s'ils établirent des successeurs héritiers de leur esprit et revêtus de leur sublime sacerdoce et chargés de conduire les hommes dans la voie du salut. C'est ce corps de Pasteurs, fondé par N. S. Jésus-Christ dans la personne des Apôtres, et continué dans leurs successeurs sous la direction du Souverain-Pontife jusqu'à nous, que l'on appelle l'Eglise Catholique. Cette Eglise, dépositaire de la vérité, de la loi et de tous les moyens de salut, sauve tous ceux qui lui demeurent fièlement soumis et dévoués, et c'est encore par elle et en appartenant à son âme et à son esprit que peuvent se sauver ceux qui extérieurement étrangers à cette église sont néanmoins fidèles aux grâces et aux lumières qui leur sont departies.

Toujours donc, mon cher enfant, vous serez fidèle à cette sainte église, épouse unique du divin Sauveur; bien des fois dans la vie, vous entendrez des hommes aveugles et prévenus parler contre elle; mais ne vous en étonnez pas; alors rappelez-vous ces paroles que le divin Jésus adressait à ses apôtres : « si le monde vous hait, sachez qu'il m'a haï avant de vous haïr ; et alors élevant vers Notre-Seigneur votre esprit et votre cœur vous vous souviendrez encore de ces paroles véritablement divines : » Celui qui vous écoute m'écoute, celui qui vous méprise me méprise; allez enseigner toutes les nations; voici que je suis avec vous jusqu'à la consommation des siècles. »

Et maintenant, que vous dirai-je, cher enfant; vous voyez ce que vous êtes, et ce que vous avez coûté à votre adorable Rédempteur. Vous voyez tout ce qu'il a fait pour vous et dans l'intérêt de votre salut. Sa vie, sa mort, son sang, son église, sa T.-Ste Mère, il vous a tout donné, mais il vous demandera compte un jour de toutes ces graces ; ce jour sera celui où vous mourrez sur la terre et où votre âme entrera dans son éternité. Jour mille et mille fois heureux si vous avez été fidèle, ou du moins pénitent après vos fautes; jour de malédiction et de colère, jour d'un malheur infini, si vous avez suivi les voies d'un cœur mauvais et dissolu, d'un monde pervers et corrupteur !

En terminant que vous dirai-je encore? Je vous dirai de vous souvenir tous les jours de votre vie de cette bonne mère, de cette mère de miséricorde que dans son amour, l'adorable Jésus vous a donnée. Oh ! si vous saviez combien il est bon de l'aimer et de l'invoquer tous les jours ! N'oubliez pas ce mot : Tous les jours !.. fussiez-vous accablé de fatigue, déjà couché dans votre lit, déjà presqu'enveloppé dans le sommeil, si vous vous souvenez que dans ce jour vous n'avez rien dit à cette bonne mère, que vous ne lui avez adressé aucune prière, levez-vous promptement, et les genoux en terre, adressez lui avec amour et confiance, ne serait-ce que quelques mots ; ils iront à son cœur et ne seront pas perdus.

Ecoutez ce trait et vous jugerez de ce que je vous dis. Un jour un bon vieillard me vit passer dans l'église où j'étais attaché alors; il s'avance et me dit : mon père, je voudrais me confesser; j'ai long-temps servi dans les armées ; sans doute j'ai vécu comme on vit dans les camps, mais jamais pas un seul jour je n'ai manqué d'adresser à la T.-S.te-Vierge une petite prière. J'ai toujours été gardé de malheur, et maintenant quelque chose me dit de me confesser; j'ai pensé que c'était un avertissement de cette bonne mère et je ne veux pas lui résister. C'est très bien, lui dis-je; allez vous préparer. Ce brave homme se confesse et revient fidèlement au temps marqué. Au bout de deux mois à peu près, il me dit : mon père, je sens un grand désir de recevoir l'absolution, je m'y suis bien disposé, auriez-vous la charité de me la donner? Le trouvant en effet bien disposé, je lui donne l'absolution ; c'était un jeudi : le lendemain vendredi, il eut le bonheur de faire la sainte Communion dans des sentimens inexprimables de joie. Le lendemain samedi il va entendre la sainte Messe en action de grâce ; il revient chez lui, il s'asseoit, ferme doucement les yeux et s'endort du sommeil des justes ; on croyait qu'il dormait, il était mort !...

TABLE DE MULTIPLICATION.

2	2 4	3 6	4 8	5 10	6 12	7 14	8 16	9 18
3	3 9	4 12	5 15	6 18	7 21	8 24	9 27	
4	4 16	5 20	6 24	7 28	8 32	9 36		
5	5 25	6 30	7 35	8 40	9 45			
6	6 36	7 42	8 48	9 54				
7	7 49	8 56	9 63					
8	8 64	9 72						
9	9 81							

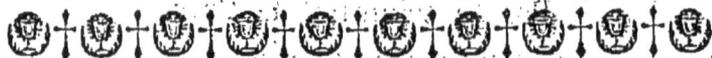

HYMNES.

Veni, creator Spiritus,
Mentes tuorum visita;
Implé supernâ gratiâ,
Quæ tu creasti pectora.

Qui peracletus diceris,
Donum Dei altissimi,
Fons vivus, ignis, charitas,
Et spiritualis unctio.

Tu septiformis munere,
Dextræ Dei tu digitus,
Turitè promissum Patris,
Sermone ditans guttura.

Accendé lumen sensibus,
Infunde amorem cordibus.
Infirma nostri corporis
Virtute firmans perpeti.

Hostem repellas longiùs:
Pacemque dones protinùs:
Ductore sic te prævio
Vitemus omne noxium.

Per te sciamus da Patrem,
Noscamus atque Filium,
Te utriusque Spiritum
Credamus omni tempore.

Sit laus Patri, laus Filio,
Par sit tibi laus, Spiritus;
Afflante quo mentes sacris
Lucent et ardent ignibus.

Amen.

Ave, maris stella,
Dei mater alma,
Atque semper Virgo,
Felix cœli porta.

Sumens illud Ave
Gabrielis ore,
Funda nos in pace,
Mutans Evæ nomen.

Solve vincla reis,
Profer lumen cæcis;
Mala nostra pelle,
Bona cuncta posce.

Monstra te esse matrem,
Sumat per te preces,
Qni pro nobis natus
Tulit esse tuus.

Virgo singularis,
Inter omnes mitis,
Nos culpis sultos
Mites fac et castos.

Vitam præsta puram,
Iter para tutum,
Ut videntes Jesum
Semper collætemur.

Sit los Deo Patri,
Summo Christo decus,
Spiritui Sancto,
Tribus honor unus,

ORDINAIRE DE LA MESSE.

Le Prêtre, au bas de l'Autel, fait le signe de la Croix, et dit :

In nomine Patris ✝, et Filii et Spiritûs Sancti; Amen.

Au nom du Père ✝, et du Fils, et du Saint-Esprit. Ainsi soit-il.

Introïbo ad Altare Dei,

℟. Ad Deum qui lætificat juventutem meam.

℟. Je m'approcherai de l'Autel de Dieu, du Dieu qui réjouit ma jeunesse.

Judica me, Deus, et discerne causam meam de gente non sanctà, ab homine iniquo et doloso erue me.

Jugez-moi, Seigneur, et séparez ma cause de celle d'un peuple impie; délivrez-moi de l'homme inique et fourbe.

℟. Quia tu es, Deus fortitudo mea : quarè me repulisti, et quarè tristis incedo, dùm affligit me inimicus?

℟. Car vous êtes ma force ô mon Dieu; pourquoi m'avez vous repoussé, et pourquoi suis-je dans la tristesse; pendant que l'ennemi m'afflige?

Emitte lucem tuam et veritatem tuam : ipsa me deduxerunt

Envoyez-moi votre lumière et votre vérité : ce sont elles qui me condui-

et adduxerunt in Montem sanctum tuum, et in Tabernacula tua.	ront sur votre Montagne sainte et me feront pénétrer dans vos Tabernacles.
℟. Et introïbo ad Altare Dei, ad Deum qui lætificat juventutem meam.	℟. Et je m'approcherai de l'Autel de Dieu, de l'Autel du Dieu qui réjouit ma jeunesse.
Confitebor tibi in citharâ, Deus, Deus meus, quarè tristis es, anima mea, et quaré conturbas me?	Je vous chanterai sur la harpe, ô mon Dieu! pourquoi, mon âme, êtes-vous triste, et pourquoi me troublez-vous?
℟. Spera in Deo, adhùc confitebor illi, Salutare vultûs mei et Deus meus.	℟. Espérez en Dieu; je lui rendrai encore des actions de grâces, et mes regards seront tournés vers lui, comme vers le Dieu de mon salut.
Gloria Patri, et Filio, et Spiritui Sancto.	Gloire au Père, et au Fils, et au Saint-Esprit.
℟. Sicut erat in principio, et nûnc et semper, et in sæcula sæculorum.	℟. A présent, et toujours, comme dès le commencemeut et dans les siècles des siècles.
Amen.	Ainsi soit-il.
Introibo ad Altare Dei,	Je m'approcherai de l'Autel de Dieu.
℟. Ad Deum qui lætificat juventutem meam.	℟. De l'Autel du Dieu qui réjouit ma jeunesse.
Adjutorium nostrum in nomine Domini.	Notre secours est dans le nom du Seigneur.

℟. Qui fecit cœlum et terram.

Misereatur tui omnipotens Deus ; et dimissis peccatis tuis, perducat te ad Vitam æternam.

℟. Amen.

Confiteor Deo omnipotenti, beatæ Mariæ semper Virgini, beato Michaeli archangelo, beato Joani Baptistæ, sanctis apostolis Petro et Paulo, omnibus Sanctis et tibi, Pater, quia peccavi; nimis congitatione, verbo et opere : meâ culpâ, meâ culpâ, meâ maximâ culpâ. Ideo precor beatam Mariam semper Virginem, beatum Michaelem archangelum, beatum Joannem Baptistam, sanctos apostolos Petrum et Paulum, omnes Sanctos; et te Pater, orare pro me ad Dominum Deum nostrum.

Misereatur vestrî

℟. Qui a fait le ciel et la terre.

Que Dieu tout-puissant vous fasse miséricorde ; et qu'après vous avoir pardonné vos péchés, il vous conduise à la Vie éternelle.

℟. Ainsi soit-il.

Je confesse à Dieu tout-puissant, à la bienheureuse Marie toujours Vierge, à Saint Michel archange ; à saint Jean-Baptiste, aux saints apôtres Pierre et Paul, à tous les Saints et à vous mon Père, que j'ai beaucoup péché en pensées, paroles, et œuvres ; par ma faute, par ma faute, par ma très-grande faute. C'est pourquoi je supplie la bienheureuse Marie toujours Vierge, saint Michel archange, saint Jean-Baptiste, les saints apôtres Pierre et Paul, tous les saints, et vous, mon Père, de prier pour moi le Seigneur notre Dieu.

Que Dieu tout-puissant

omnipotens Deus, et dimissis peccatis vestris, perducat vos ad Vitam æternam.

℟. Amen.

Indulgentiam, absolutionem et remissionem peccatorum nostrorum, tribuat nobis omnipotens et misericors Dominus.

℟. Amen.

Deus tu conversus vivificabis nos.

℟. Et plebs tua lætabitur in te.

Ostende nobis, Domine, misericordiam tuam,

℟. Et salutare tuum da nobis.

Domine, exaudi orationem meam,

℟. Et clamor meus ad te veniat.

Dominus vobiscum,

℟. Et cum spiritu tuo.

vous fasse miséricorde; et qu'après vous avoir pardonné vos péchés, il vous conduise à la Vie éternelle.

℟. Ainsi soit-il.

Que le Seigneur tout-puissant et miséricordieux nous accorde le pardon, l'absolution et la rémission de nos péchés.

℟. Ainsi soit-il.

Mon Dieu, vous vous tournerez vers nous, et vous nous donnerez la vie.

℟. Et votre peuple se réjouira en vous.

Seigneur, manifestez sur nous votre miséricorde,

℟. Et donnez-nous votre salut.

Seigneur, exaucez ma prière,

℟. Et que ma voix s'élève jusqu'à vous.

Que le Seigneur soit avec vous.

℟. Et avec votre esprit.

ORAISON.

Nous vous prions, Seigneur, d'effacer et de détruire nos iniquités, afin que nous approchions du Saint des Saints avec une entière pureté de cœur et d'esprit. Par Jésus-Christ notre Seigneur. Ainsi soit-il.

Le Prêtre, en baisant l'Autel, dit :

Nous vous supplions, Seigneur, par les mérites des saints dont les Reliques sont ici, et de tous les Saints, de daigner me pardonner tous mes péchés. Ainsi soit-il.

BÉNÉDICTION DE L'ENCENS.

Sois béni par celui en l'honneur duquel tu seras brûlé.

*Après l'*Introït*, le Prêtre et les Assistans disent trois fois alternativement :*

Kyrie, eleïson.	Seigneur, ayez pitié de nous.
Christe eleïson.	Jésus, ayez pitié de nous.
Kyrie, eleïson.	Seigneur, ayez pitié de nous.
Gloria in excelsis Deo, et in terrâ pax hominibus bonæ voluntatis ! Laudamus te. Benedicimus te. Adoramus te. Glorificamus te. Gratias agimus tibi propter magnam gloriam tuam. Domine Deus rex cæ-	Gloire à Dieu dans le Ciel et paix sur la Terre aux hommes de bonne volonté. Nous vous louons Nous vous, bénissons. Nous vous adorons. Nous vous glorifions. Nous vous rendons grâces à cause de votre gloire infinie, Seigneur Dieu, souverain

lestis, Deus pater omnipotens, Domine fili unigenite, Jesu Christe, Domine Deus, agnus Dei, filius patris; qui tollis peccata mundi, miserere nobis; Qui tollis peccata mundi, suscipe deprecationem nostram; qui sedes ad dexteram patris, miserere nobis. Quoniam tu solus Sanctus, tu solus Dominus, tu solus Altissimus, Jesu Christe, cum Sancto Spiritu, in gloriâ Dei Patris.

Dominus vobiscum.

℟. Et cum spiritu tuo.

Roi du Ciel, ô Dieu, Père tout-puissant, Seigneur Jésus-Christ, Fils unique de Dieu, Seigneur Dieu; Agneau de Dieu, Fils du Père; vous qui effacez les péchés du monde, ayez pitié de nous. Vous qui effacez les péchés du monde, recevez notre humble prière Vous qui êtes assis à la droite du Père, ayez pitié de nous. Car vous êtes le seul Saint, le seul Seigneur, le seul Très-Haut, ô Jésus-Christ, avec le Saint-Esprit, dans la gloire de Dieu le Père. Ainsi soit-il.

Que le Seigneur soit avec vous.

℟. Et avec votre Esprit.

Le Prêtre récite la Collecte.—Avant l'Evangile, le Prêtre, au milieu de l'Autel, dit :

PURIFIEZ mon cœur et mes lèvres, Dieu tout-puissant, qui avez purifié les lèvres du prophète Isaïe avec un charbon ardent; daignez également, par un effort de miséricorde, me purifier afin que je puisse dignement annoncer votre saint Evangile. Par notre Seigneur Jésus-Christ. Ainsi soit-il.

Donnez-moi, Seigneur, votre bénédiction.

Que le Seigneur soit dans mon cœur et sur mes lèvres, afin que j'annonce dignement son saint Évangile. Ainsi soit-il.

ORAISON.

Accordez-nous, Seigneur, par l'intercession de la sainte Vierge et des Saints, que nous honorons, toutes les grâces que votre Ministre vous demande pour lui et pour nous. M'unissant à lui, je vous fais la même prière pour ceux et celles pour lesquels je suis obligé de prier, et je vous demande, Seigneur, pour eux et pour moi, tous les secours que vous savez nous être nécessaires, afin d'obtenir la vie éternelle, au nom de Jésus-Christ notre Seigneur. Ainsi soit-il.

PENDANT L'ÉPITRE.

Seigneur Jésus, Divin Rédempteur des hommes, dès l'origine du monde. Vous avez été l'attente des peuples et le désiré des nations; figuré par les Patriarches, annoncé par les Prophètes, salué de loin par tous les Saints de l'ancienne loi, vous avez été l'unique objet de leur foi et de leur espérance. Abraham a tressailli de joie en pensant au bonheur de vous voir, Isaac a représenté votre sacrifice sur la montagne Sainte, Joseph a retracé par avance votre innocence et vos persécutions. Et tous ô Sauveur adorable, ont été remplis d'un immense amour pour vous. Oh! que moi aussi pauvre exilé sur la terre je vous attire en moi par l'ardeur de mes désirs! Descendez rosée céleste sur la terre aride de mon âme. Brillez divin soleil de justice, éclairez les ténèbres de mon intelligence ! O feu ardent de la charité divine venez embraser mon cœur !...

Et vous aussi ô divine Mère du Sauveur vous avez été figurée et annoncée par les Saints oracles. Vous êtes la nouvelle Eve qui doit écraser la tête du Serpent Infernal. Vons êtes la Vierge bénie qui doit enfanter le désiré des nations. Je vous salue donc aussi ô arche de la véritable alliance. Arche sainte qui devez porter le Saint des Saints. Oh ! faites que moi pauvre créature, mais créature de Dieu et rachetée de son sang je prenne comme une naissance nouvelle dans votre sein maternel ! Que je sois le véritable enfant du Père Céleste, le frère de l'aimable Jésus et votre enfant, ô Mère aimable et mille fois bénie ! Ainsi soit-il.

Avant l'Evangile, le Prêtre dit :

Dominus vobiscum.	Que le Seigneur soit avec vous.
℟. Et cum spiritu tuo.	℟. Et avec votre esprit.
Initium *vel* sequentia sancti Evangeli secundum N....	Commencement *ou* suite du saint Evangile selon saint N....
℟. Gloria tibi, Domine.	℟. Gloire vous soit rendue, ô Seigneur.

PENDANT L'ÉVANGILE.

O Jésus Divin Rédempteur de nos âmes, c'est vous-même qui de votre bouche divine daignez nous parler et nous instruire ; vos paroles sont esprit et vie, et celui qui les reçoit et qui les garde possède la vie, celui qui les repousse ou les fuit est dans la mort.

Je vous écoute donc, ô Verbe adorable, consubstantiel à votre Père céleste et fait homme dans la plénitude des temps dans le chaste sein de votre divine Mère, et je vous écoute non des oreilles du corps mais dans le plus profond et le plus intime de mon âme. Vous me dites ô vraie lumière du monde que bienheureux sont les pauvres en esprit, les humbles de cœur, ceux qui sont doux, ceux qui souffrent persécution pour la vérité, ceux qui sont chastes, ceux qui ont faim et soif de la justice. Vous dites encore, ô Sauveur adorable, qu'on ne peut pas servir deux maîtres à la fois, que celui qui n'est pas pour vous est contre vous. Que la voie du Ciel est étroite. Celle de la perdition spacieuse et large. Que le Royaume du Ciel souffre violence, et qu'enfin celui qui veut marcher à votre suite doit se renoncer, porter sa croix tous les jours et vous suivre.

Et vos exemples divins, ô adorable maître, nous parlent encore plus éloquemment que vos paroles; vous naissez dans une étable, vous vivez dans la pauvreté, vous mourez au milieu des malédictions des hommes en priant pour eux et sur une croix.

O doux Sauveur, je veux, oui je veux et de toute la plénitude et la force de mon cœur, je veux vous écouter et vous suivre; je ne m'attacherai pas aux richesses de la terre; je fuirai l'orgueil comme le plus cruel ennemi de mon âme; je porterai ma croix avec vous et dans votre vertu, et à l'exemple de votre

Divine Mère, je vous suivrai toujours et jusqu'au Calvaire, pour mourir à toutes les chutes de ce monde, ressusciter avec vous, pour vivre de votre vie, ô aimable Jésus, et un jour, à ma dernière heure, expirer sur votre croix et dans les bras de votre T. S. Mère. Ainsi soit-il.

A la fin de l'Evangile, on répond:

Laus tibi, Christe.	Louange à vous, Seigneur.

Le Prêtre en baisant l'Autel, dit:

Per Evangelica dicta deleantur nostra delicta.	Que nos péchés soient effacés par les paroles du saint Evangile.

Le Prêtre étant au milieu de l'Autel.

Credo in unum Deum, Patrem omnipotentem, factorem cœli et terræ visibilium omnium, et invisibilium, et in unum Dominum Jesum Christum, Filium Dei unigenitum, et ex Patre natum ante omnia sæcula; Deum de Deo, lumen de lumine, Deum verum de Deo vero; genitum non factum con-	Je crois en un seul Dieu, le Père tout-puissant, qui a fait le Ciel et la Terre, toutes les choses visibles et invisibles; et en un seul Seigneur Jésus-Christ, Fils unique de Dieu. Qui est né du Père avant tous les siècles. Dieu de Dieu, lumière de lumière, vrai Dieu de vrai Dieu; qui n'a pas été fait, mais engendré; qui est consubstantiel au Père, et par qui toutes choses ont été faites; qui est descendu des Cieux

substantialem Patri, per quem omnia facta sunt; qui propter nos homines et propter nostram salutem descendit de cœlis, et incarnatus est de Spiritu Sancto ex Mariâ virgine, et *homo factus est.* Crucifixus etiam pro nobis sub Pontio Pilato passus et sepultus est; et resurrexit tertiâ die secundùm Scripturas, et ascendit in cœlum; sedet ad dexteram Patris; et iterùm venturus est cùm gloria judicare vivos et mortuos; cujus regni non erit finis, et in Spiritum Sanctum Dominum et vivificantem; qui ex patre Filioque procedit, qui cum Patre et Filio simul adoratur et conglorificatur; qui locutus est per Prophetas; et unam, sanctam, catholicam et apostolicam Eccle-

pour nous autres hommes et pour notre salut; qui s'est incarné, en prenant un corps dans le sein de la Vierge Marie, par la vertu du Saint-Esprit, et qui *s'est fait homme*; qui a été crucifié aussi pour nous, sous Ponce-Pilate; qui a souffert la mort, et a été mis dans le tombeau. Qui est ressuscité le troisième jour, comme l'avaient prédit les Ecritures; qui est monté au Ciel, est assis à la droite du Père; qui viendra de uouveau, plein de gloire juger les vivants et les morts, et dont le règne n'aura point de fin. Je crois au Saint-Esprit, Seigneur, et qui donne la vie; qui procède du Père et du Fils, qui est adoré et glorifié conjointement avec le Père et le Fils : qui a parlé par les Prophètes : Je crois à l'Eglise, qui est Une, Sainte, Catholique et Apostolique : je reconnais qu'il y a un Baptême institué pour la rémission des péchés : et j'attends la résurrection des morts, et

siam Confiteor unum baptisma, in remissionem peccatorum; et expecto resurrectionem mortuorum et vitam venturi sæculi. Amen.

la vie du siècle à venir. Ainsi soit-il.

Dominus vobiscum.

Que le Seigneur soit avec vous.

℟. Et cum spiritu tuo.

℟. Et avec votre esprit.

OFFRANDE DE L'HOSTIE.

Recevez, ô Père saint, Dieu éternel et tout-puissant, cette Hostie sans tache, que je vous offre, tout indigne que je suis de ce ministère, je vous l'offre, Seigneur, comme à mon Dieu vivant et véritable, pour mes péchés, mes offenses et mes négligences, qui sont sans nombre: je vous l'offre aussi pour tous les assistans, et même pour tous les fidèles chrétiens vivans et morts; afin qu'elle serve à eux et à moi pour le salut éternel. Ainsi soit-il.

Le Prêtre met le vin et l'eau dans le calice, et dit :

O Dieu! qui, par un effet admirable de votre puissance, avez créé l'homme dans un haut dégré d'excellence, et qui, par un prodige de bonté encore plus surprenant, avez daigné réparer cet ouvrage de vos mains après sa chute, donnez-moi par ce Mystère que ce mélange d'eau et de vin nous représente, la grâce de participer à la divinité de

Jésus-Christ, votre Fils, qui a bien voulu se revêtir de notre humanité. Lui qui, étant Dieu, vit et règne, etc.

OBLATION DU CALICE.

Nous vous offrons, Seigneur le Calice du salut, en conjurant votre bonté de le faire monter comme un parfum d'une agréable odeur, jusqu'au Trône de votre divine Majesté, pour notre salut et celui de tout le monde. Ainsi soit-il.

Nous nous présentons devant vous, Seigneur, avec un esprit humilié et un cœur contrit : recevez-nous, et faites que notre Sacrifice s'accomplisse aujourd'hui devant vous, d'une manière qui vous le rende agréable, ô Seigneur notre Dieu !

Venez, Sanctificateur tout-puisssant, Dieu éternel, et bénissez ce Sacrifice destiné à rendre gloire à votre saint Nom.

BÉNÉDICTION DE L'ENCENS.

Que par l'intercession du bienheureux Michel archange, qui se tient debout à la droite de l'Autel des parfums, le Seigneur daigne bénir cet encens, et le recevoir en odeur de suavité. Par N. S. J. C. Ainsi soit-il.

Que ma prière s'élève vers vous, Seigneur, comme l'odeur de l'encens : que l'élévation de mes mains vous soit aussi agréable que le sacrifice du soir. Seigneur, mettez une garde à ma bouche, et une porte à mes lèvres, afin que mon cœur ne s'égare point dans des paroles de malice, pour chercher des excuses à mes péchés. Que le Seigneur allume en nous le feu éternel de son amour, et la flamme de sa charité éternelle. Ainsi soit-il.

Le Prêtre lave ses doigts.

Je laverai mes mains parmi les justes, ô mon Dieu! et avec eux j'environnerai votre autel, afin d'entendre vos louanges, et de répéter vos merveilles. Seigneur, j'ai aimé la beauté de votre Maison, et la demeure où réside votre gloire. Seigneur, ne perdez pas mon âme avec celle des impies; ne perdez pas ma vie avec celle des hommes de sang. L'iniquité est dans leurs mains; leur droite est remplie des présens de la corruption. Pour moi, j'ai suivi le sentier de l'innocence: délivrez-moi, et faites-moi miséricorde. Mes pas on été constans dans la voie droite: je vous bénirai, Seigneur, dans les assemblées des fidèles.

Gloire au Père, etc.

Le Prêtre s'incline au milieu de l'autel, et dit:

Recevez, ô Trinité sainte! l'oblation que nous vous présentons en mémoire de la Passion, de la Résurrection et de l'Ascension de Jésus-Christ notre Seigneur; en l'honneur de la bienheureuse Marie toujours Vierge, de saint Jean-Baptiste, des apôtres saint Pierre et saint Paul, des Saints dont les Reliques sont ici, et de tous les autres Saints; afin qu'ils y trouvent leur gloire, et nous notre salut, et que ceux dont nous honorons la mémoire sur la terre, daignent intercéder pour nous dans le Ciel. Par le même Jésus-Christ notre Seigneur. Ainsi soit-il.

Orate, Fratres, ut meum ac vestrum Sacrificium acceptabile fiat apud Deum Patrem omnipotentem ;	Priez, mes Frères, que mon sacrifice, qui est aussi le vôtre, soit favorablement reçu de Dieu le Père tout-puissant ;
℟. Suscipiat Dominus hoc Sacrificium de manibus tuis, ad laudem et gloriam Nominis sui, ad utilitatem quoque nostram, totiusque Ecclesiæ suæ sanctæ.	℟. Que le Seigneur reçoive par vos mains ce Sacrifice, pour l'honneur et la gloire de son nom, pour notre utilité particulière, et pour le bien de toute son église sainte.

Le Prêtre répond Amen, et récite la secrète.

PRÉFACE COMMUNE.

Per omnia sæcula sæculorum.	Dans tous les siècles des siècles.
℟. Amen.	℟. Ainsi soit-il.
Dominus vobiscum,	Le Seigneur soit avec vous,
℟. Et cum spiritu tuo.	℟. Et avec votre esprit.
Sursùm corda,	Elevez vos cœurs.
℟. Habemus ad Dominum.	℟. Nous les élevons vers le Seigneur.

Gratias agamus Domino Deo nostro,	Rendons grâces au Seigneur notre Dieu,
℟. Dignum et justum est.	℟. C'est juste et raisonnable.

Il est véritablement juste et raisonnable; il est équitable et salutaire de vous rendre grâces par notre Seigneur Jésus-Christ, en tout temps et en tout lieu, ô Seigneur très-saint, Père tout-puissant! Dieu éternel! C'est par Jésus-Christ que les Anges louent votre Majesté suprême, que les Dominations l'adorent, que les Puissances la craignent et la révèrent, que les Cieux et les Vertus des Cieux, et la troupe bienheureuse des Séraphins célèbrent ensemble votre gloire dans les transports d'une sainte joie. Daignez souffrir, Seigneur, que nous unissions nos voix à celle des Esprits bienheureux, pour chanter avec eux, prosternés devant vous :

Sanctus, Sanctus, Sanctus, Dominus Deus Sabaoth. Pleni, sunt Cœli et Terra gloriâ tuâ. Hosanna in Excelsis. Benedictus qui venit in Nomine Domini, Hosanna in Excelsis.	Saint, Saint, Saint est le Seigneur, le Dieu des Armées. Votre gloire remplit le Ciel et la Terre. Louange au plus haut des Cieux. Béni soit celui qui vient au Nom du Seigneur. Louange à celui qui habite au plus haut des Cieux.

LE CANON DE LA MESSE.

Nous vous suplions donc, Père très-miséricordieux, et nous vous conjurons par notre Seigneur Jésus-Christ votre Fils, d'agréer et de bénir ces Dons, ces Offrandes, ces Sacrifices purs et sans tache que nous vous offrons pour votre sainte Eglise catholique, afin qu'il vous plaise de lui donner la paix, de la conserver, de la maintenir dans l'union, de la gouverner par toute la Terre, et avec votre serviteur N. Pape, notre Evêque N.; enfin tous ceux qui sont Orthodoxes, et qui font profession de la Foi catholique et apostolique.

Souvenez-vous, Seigneur, de vos serviteurs et de vos servantes *N.* et *N.* et de tous ceux qui sont ici présens, dont vous connaissez la foi et la piété, pour qui nous vous offrons ce Sacrifice de louange, tant pour eux-mêmes que pour ceux qui leur appartiennent : pour la rédemption de leurs âmes, pour l'espérance de leur salut et de leur conservation, et pour vous rendre leurs hommages, comme au Dieu éternel, vivant et véritable.

Etant unis de Communion avec tous vos Saints, nous honorons la mémoire, premièrement de la glorieuse Vierge Marie, Mère de Dieu Jésus-Christ notre Seigneur et de vos bienheureux apôtres et martyrs Pierre et Paul, André, Jacques, Jean, Thomas, Jacques, Philippe, Barthélemy, Mathieu, Simon, Thadée, Lin, Clet, Clément, Xiste, Corneille, Cyprien, Laurent, Chrysogone, Jean et Paul, Côme et Damien, et de tous vos Saints, par les mérites et les prières desquels nous vous supplions de nous accorder en toutes choses les secours de votre protection; c'est ce que nous vous demandons par le même Jésus-Christ notre Seigneur.

Nous vous prions donc, Seigneur, de recevoir favorablement l'hommage que nous vous rendons par cette Oblation, qui est aussi celle de toute votre Eglise : accordez-nous pendant les jours de cette vie mortelle, la paix qui vient de vous; préservez-nous de la damnation éternelle, et mettez-nous au nombre de vos Elus. Par N. S. J. C.

Nous vous prions, ô Dieu! de bénir cette Oblation, de l'agréer, de l'approuver, afin d'en faire un Sacrifice digne d'être reçu de vous, et par lequel nous vous rendons un culte raisonnable et spirituel; en sorte qu'elle devienne pour nous le Corps et le Sang de votre Fils bien-aimé Jésus-Christ notre Seigneur, qui, la veille de sa Passion, prit du pain entre ses mains saintes et vénérables, et levant les yeux au Ciel vers vous, ô Dieu, son Père tout-puissant! vous rendit grâces, et bénit ce pain, le rompit, et le donna à ses Disciples, en disant : *Prenez et mangez-en tous*; CAR CECI EST MON CORPS.

De même après qu'il eut soupé, prenant ce précieux Calice entre ses mains saintes et vénérables, il vous rendit grâces, le bénit et le donna à ses Disciples, en disant : *Prenez et buvez-en tous; car ceci est le Calice de mon Sang, le Sang de la nouvelle et éternelle Alliance* (Mystère de Foi), *qui sera répandu pour vous et pour plusieurs, en rémission des péchés; toutes les fois que vous ferez ces choses, vous les ferez en mémoire de moi.*

C'est pour cela Seigneur, que nous, qui sommes vos serviteurs, et avec nous votre Peuple saint, en souvenir de la bienheureuse Passion de votre même Fils Jésus-Christ notre-Seigneur, de sa Résurrection du tombeau, victorieux de l'enfer; de sa glorieuse Ascension au Ciel, nous offrons à votre incomparable Majesté, le don même que nous avons reçu de vous, l'Hostie pure, l'Hostie Sainte, l'Hostie sans tâche, le Pain sacré de la vie éternelle et le Calice du salut perpétuel.

Daignez, Seigneur, regarder d'un œil favorable, l'oblation que nous faisons de ce saint Sacrifice, de cette Hostie sans tache; daignez l'agréer, comme il vous a plû d'agréer les présents du juste Abel, votre serviteur, le saint sacrifice de votre patriarche Abraham, et celui de Melchisedech votre grand-prêtre.

Nous vous supplions, ô Dieu tout-puissant! de commander que ces dons soient portés par les mains de votre saint Ange sur votre Autel sublime, en présence de votre divine Majesté, afin que tous ceux que nous sommes ici, qui participant à cet Autel, aurons reçu le Corps et le Sang de votre Fils, nous soyons remplis de toutes les grâces du Ciel. Par le même Jésus-Christ. Ainsi soit-il.

Souvenez-vous aussi, Seigneur, de vos serviteurs et de vos servantes N. N. qui, marqués du sceau de la foi ont fini leur vie mortelle avant nous, pour s'endormir du sommeil de paix.

Nous vous supplions, Seigneur, de leur accorder, par votre miséricorde, à eux et à tous ceux qui reposent en Jésus-Christ, le lieu du rafraîchissement, de la lumière et de la paix. Par le même Jésus-Christ. Ainsi soit-il.

Pour nous, aussi pécheurs et vos serviteurs, qui espérons en votre grande miséricorde, daignez au moins nous donner part au céleste Héritage, avec vos saints Apôtres et Martyrs, avec Jean, Etienne, Mathias, Barnabé, Ignace, Alexandre, Marcellin, Pierre, Félicité, Perpetue, Agathe, Luce, Agnès, Cécile, Anastasie, et avec tous vos Saints : daignez nous admettre en leur compagnie, uon en consultant nos mérites, mais en usant d'indulgence à notre égard Par Jésus-Christ notre Seigueur, par lequel vous produisez toujours, Seigneur, vous sanctifiez, vous vivifiez, vous bénissez, et vous nous donnez tous ces biens. Que par lui, avec lui, et en lui, tout honneur et toute gloire vous soient rendus, ô Dieu ! Père tout-puissant, en l'unité du Saint-Esprit.

Per omnia sæcula sæculorum. Amen.

Dans tous les siècles des siècles. Ainsi soit-il.

OREMUS.

Præceptis salutaribus moniti, et divinâ Institutione formati, audemus dicere

PRIONS.

Etant avertis par le commandement salutaire de Jésus-Christ et conduits par la Leçon divine qu'il nous a laissée, nous osons dire :

Pater noster, qui es in Cœlis, sanctificetur Nomen tuum. Adveniat regnum tuum. Fiat voluntas tua sicut in Cœlo et in Terrâ. Panem nostrum quotidianum da

Notre père, qui êtes aux Cieux. Que votre nom soit sanctifié. Que votre Règne arrive. Que votre volonté soit faite sur la Terre comme dans le Ciel. Donnez-nous aujourd'hui notre pain quotidien, par-

hodiè. Et dimitte nobis debita nostra sicut et nos dimittimus debitoribus nostris.

Et ne nos inducas in tentationem,

℟. Sed libera nos à malo.

Amen.

donnez-nous nos offenses comme nous pardonnons à ceux qui nous ont offensé. Et ne nous laissez point succomber à la tentation.

℟. Mais délivrez-nous du mal.

Ainsi soit-il.

DÉLIVREZ-NOUS, s'il vous plaît, Seigneur, de tous les maux passés, présents et à venir, par l'intercession de la bienheureuse et glorieuse Marie, Mère de Dieu, toujours Vierge et de vos bienheureux Apôtres Pierre, Paul, André et de tous les Saints; veuillez nous faire jouir de la paix pendant le cours de notre vie mortelle; afin qu'aidé par le secours de votre miséricorde, nous ne soyons jamais assujétis au péché, ni agités par aucun trouble. Nous vous en prions par le même Jésus-Christ notre Seigneur, qui vit et règne avec vous en l'unité du Saint-Esprit, dans tous les siècles des siècles. Ainsi soit-il.

Pax Domini sit semper vobiscum,

℟. Et cum spiritu tuo.

Que la paix du Seigneur soit toujours avec vous,

℟. Et avec votre esprit.

QUE ce mélange et cette consécration du corps et du Sang de notre Seigneur Jésus-Christ, que nous allons recevoir, nous procure la vie éternelle. Ainsi soit-il.

AGNUS Dei, qui tollis peccata mundi, miserere nobis.	AGNEAU de Dieu, qui effacez les péchés du monde, ayez pitié de nous.
Agnus Dei, qui tollis peccata mundi, miserere nobis.	Agneau de Dieu, qui effacez les péchés du monde, ayez pitié de nous.
Agnus Dei, qui tollis peccata mundi, dona nobis pacem.	Agneau de Dieu, qui effacez les péchés du monde, donnez-nous la paix.

Aux messes des morts au lieu de *Miserere nobis*, on dit *dona eis requiem*, donnez-leur le repos, et l'on ne dit pas l'oraison suivante :

SEIGNEUR Jésus-Christ, qui avez dit à vos Apôtres : Je vous laisse la paix, je vous donne ma paix : n'ayez pas d'égard à mes péchés, mais à la foi de votre Eglise, donnez-lui la paix et l'union dont vous voulez qu'elle jouisse. Vous qui, étant Dieu, vivez, etc.

SEIGNEUR Jésus-Christ, fils du Dieu vivant, qui, par la volonté du Père et la coopération du Saint-Esprit, avez donné la vie aux hommes en mourant pour eux; délivrez-moi par votre saint Corps et votre précieux Sang de tous mes péchés et de tous les autres maux : et faites, s'il vous plaît que je m'attache inviolablement à vos commandemens, et ne permettez pas que je me sépare jamais de vons, Qui, étant Dieu, vivez et régnez avec le Père et le Saint-Esprit, dans tous les siècles des siècles.

JÉSUS-CHRIST, mon Seigneur, que la participation de votre Corps, que j'ose recevoir, tout indigne que j'en suis, ne tourne point à mon jugement et à ma condamnation; mais que par votre bonté, elle serve à la défense de mon cœur et de mon âme, et qu'elle soit pour moi un remède salutaire. Vous qui, étant Dieu, vivez et régnez avec Dieu votre Père, en l'unité du Saint-Esprit, dans tous les siècles des siècles. Ainsi soit-il.

Je prendrai le Pain céleste, et j'invoquerai le nom du Seigneur.

Le Prêtre, tenant l'Hostie entre ses mains, dit trois fois.

Domine, non sum dignus.

SEIGNEUR, je ne suis pas digne de vous recevoir dans ma maison; mais dites seulement une parole et mon âme sera guérie.

Que le Corps de notre Seigneur Jésus-Christ garde mon âme pour la vie éternelle.

Ainsi soit-il.

QUE rendrai-je au Seigneur pour tous les biens dont il m'a comblé? Je prendrai le Calice du salut, et j'invoquerai le nom du Seigneur; j'invoquerai le Seigneur dans mes louanges, et je serai délivré de mes ennemis.

Que le Sang de notre Seigneur Jésus-Christ garde mon âme pour la Vie éternelle.

Ainsi soit-il.

FAITES, Seigneur, que nous conservions dans un cœur pur ce que notre bouche a reçu, et que ce don qui nous est fait dans le temps nous soit un remède pour l'éternité.

Que votre corps que j'ai reçu, Seigneur, et que votre Sang que j'ai bu, s'attache à mes entrailles; faites qu'après avoir été nourri par des Sacremens si purs et si saints, il ne demeure en moi aucune souillure du péché, ô Seigneur, qui vivez et régnez dans les siècles des siècles. Ainsi soit-il.

(Post-communion de la messe du jour.)

℣. Dominus vobiscum.	℣. Que le Seigneur soit avec vous.
℟. Et cum spiritu tuo.	℟ Et avec votre esprit.
℣. Ite, Missa est	℣. Allez, la messe est terminée.
℟. Deo gratias.	℟. Rendons grâces à Dieu.

Aux messes où le Gloria *n'a Point été dit:*

℣. Benedicamus Domino.	℣. Bénissons le Seigneur.
℟. Deo gratias.	℟. Rendons grâces à Dieu.

Aux messes des Morts.

℣. Requiscant in pace.	℣. Qu'ils reposent en paix.
℟ Amen.	℟. Ainsi soit-il.

Recévez favorablement, ô Trinité sainte! l'hommage de ma servitude, et daignez agréer le sacrifice que j'ai offert à votre divine Majesté, tout indigne que j'en suis; faites, par votre bonté, qu'il m'obtienne miséricorde, et à tous ceux pour qui je l'ai offert. Par Jésus-Christ notre Seigneur. Ainsi soit-il.

℣. Benedicat vos omnipotens Deus, Pater, et Filius, et Spiritus sanctus.

℟. Amen.

℣. Dominus vobiscum.

℟. Et cum spiritu tuo.

℣. Initium sancti Evangelii secundùm Joannem.

℟. Gloria tibi Domine.

℣ Que Dieu tout-puissant, Père, et Fils et Saint-Esprit, vous bénisse !

℟ Ainsi soit-il.

℣ Que le Seigneur soit avec vous.

℟. Et avec votre esprit.

℣ Commencement du saint Evangile selon saint Jean.

℟ Gloire à vous, Seigneur.

Evangile selon Saint-Jean.

Au commencement était le Verbe, et le Verbe était en Dieu; et le Verbe était Dieu. Il était dès le commencement en Dieu. Toutes choses ont été faites par lui, et rien de ce qui a été fait, n'a été fait sans lui. Dans lui était la vie, et la vie était la lumière des hommes; et la lumière luit dans les ténèbres, et les ténèbres ne l'ont point comprise. Il y eut un homme envoyé de Dieu, qui s'appelait Jean. Il vint pour rendre témoignage à la lumière. C'était la vraie lumière qui éclaire tout homme venant en ce monde, et le monde a été fait par lui, et le monde ne l'a point connu. Il est venu chez soi, et les siens ne l'ont point reçu; mais il a donné à tous ceux qui l'ont reçu, le pouvoir d'être faits enfants de Dieu, à ceux qui croient en son Nom, qui ne sont point nés du sang, ni des désirs de la chair, ni de la volonté de l'homme, mais de

Dieu même. ET LE VERBE S'EST FAIT CHAIR, et il a habité parmi nous plein de grâce et de vérité; et nous avons vu sa gloire, qui est la gloire du fils unique du Père.

℟. Deo gratias. ℟. Rendons grâces à Dieu.

PRIÈRE APRÈS LA MESSE.

JE vous remercie, ô mon Dieu, de m'avoir permis d'assister aujourd'hui au saint sacrifice de la Messe, quoique j'en sois indigne. Je vous demande pardon de la dissipation où j'ai laissé aller mon esprit, de la froideur que j'ai senti dans mon cœur. Faites, Seigneur, que je me souvienne pendant tout le jour de cette grâce, et que je ne laisse échapper aucune parole, aucune action, et ne forme aucun désir, aucune pensée, qui me rende indigne de votre bénédiction.

ORDINAIRE DES VÊPRES DU DIMANCHE.

℣. Deus, in adjutorium meum intende.
℟. Domine, ad adjuvandum me festina.
℣. Gloria Patri, et Filio, et Spiritui Sancto.
℟. Sicut erat in principio, et nunc et semper et in sæcula sæculorum. Amen.
Alleluia.

*Depuis la Septuagésime jusqu'au Samedi Saint, au lieu d'*alleluia, *on dit :*

Laus tibi, Domine, rex æternæ gloriæ.

PSAUME 109.

Dixit Dominus Domino meo : Sede à dextris meis.

Donec ponam inimicos tuos : scabellum pedum tuorum.

Virgam virtutis tuæ emittet Dominus ex Sion : dominare in medio inimicorum tuorum.

Tecum principium in die virtutis tuæ in splendoribus sanctorum : ex utero ante luciferum genui te.

Juravit Dominus et non pœnitebit eum : tu es Sacerdos in æternum, secundùm ordinem Melchisedech.

Dominus à dextris tuis : confregit in die iræ suæ reges.

Judicabit in nationibus, implebit ruinas : conquassabit capita in terrâ multorum.

De torrente in via bibet : propterea exaltabit caput.

Gloria Patri, etc.

Ant. Dixit Dominus Domino meo : Sede à dextris meis.

PSAUME 110.

CONFITEBOR tibi, Domine, in toto corde meo : in concilio justorum et congregatione.

Magna opera Domini : exquisita in omnes voluntates ejus.

Confessio et magnificentia opus ejus : et justitia ejus manet in sœculum sœculi.

Memoriam fecit mirabilium suorum, misericors et miserator Dominus : escam dedit timentibus se.

Memor erit in sœculum testamenti sui : virtutem operum suorum annuntiabit populo suo.

Ut det illis hæreditatem gentium : opera manuum ejus veritas et judicium.

Fidelia omnia mandata ejus, confirmata in sœculum sœculi : facta in veritate et æquitate.

Redemptionem misit populo suo : mandavit in æternum testamentum suum.

Sanctum et terribile nomen ejus : initium sapientiæ timor Domini.

Intellectus bonus omnibus facientibus eum : laudatio ejus manet in sœculum sœculi.

Gloria Patri, etc.

Ant. Fidelia omnia mandata ejus, confirmata in sœculum sœculi.

Psaume 111.

Beatus vir qui timet Dominum, in mandatis ejus volet nimis.

Potens in terra erit semen ejus; generatio rectorum benedicetur.

Gloria et divitiæ in domo ejus; et justitia ejus manet in sœculum sœculi.

Exortum est in tenebris lumen rectis; miserator et justus.

Jucundus homo qui miseretur et commodat, disponet sermones suos in judicio; quia in æternum non commovebitur.

In memoriâ æternâ erit justus; ab auditione mala non timebit.

Paratum cor ejus, sperare in Domino, confirmatum est cor ejus: non commovebitur donec despiciat inimicos suos.

Dispersit, dedit pauperibus; justitia ejus manet in sœculum sœculi; cornu ejus exaltabitur in gloria.

Peccator videbit et irascetur, dentibus suis fremet et tabescet; desiderium peccatorum peribit.

Gloria Patri, etc,

Ant. Qui timet Dominum, in mandatis ejus volet nimis.

Psaume 112.

Laudate, pueri, Dominum; laudate nomen Domini.

Sit nomen Domini benedictum, ex hoc nunc et usque in sœculum.

A solis ortu usque ad occasum : laudabile nomen Domini.

Excelsus super omnes gentes Dominus, : et super cœlos gloria ejus

Quis sicut Dominus Deus noster, qui in altis habitat, : et humilia respici in cœlo et in terra ?

Suscitans à terra inopem : et de stercore erigens pauperem.

Ut collocet eum cum principibus : cum principibus populi sui.

Qui habitare facit sterilem in domo : matrem filiorum lætantem.

Gloria Patri, etc.

Ant. Sit nomen Domini benedictum in sæcula.

PSAUME 113.

In exitu Israel de Ægypto, domûs Jacob de populo barbaro.

Facta est Judæa sanctificatio ejus, Israel potestas ejus.

Mare vidit et fugit; Jordanis conversus est retrorsùm.

Montes exultaverunt ut arietes, et colles sicut agni ovium.

Quid est tibi, mare, quod fugisti ? et tu, Jordanis, quia conversus es retrorsùm ?

Montes exultatis sicut arietes ? et colles sicut agni ovium ?

A facie Domini mota est terra, à facie Dei Jacob.

Qui convertit petram in stagna aquarum, et rupem in fontes aquarum.

Non nobis, Domine, non nobis, sed nomini tuo da gloriam.

Super misericordia tua et veritate tua; nequandò dicant gentes : Ubi est Deus eorum ?

Deus autem noster in cœlo; omnia quæcumque voluit fecit.

Simulacra gentium argentum et aurum, opera manuum hominum.

Os habent et non loquentur, oculos habent et nun videbunt.

Aures habent et nun audient; nares habent et non odorabunt.

Manus habent et non palpabunt, pedes habent et nun ambulabunt: non clamabunt in gutture suo.

Similes illis fiant qui faciunt ea, et omnes qui confidunt in eis.

Domus Israel speravit in Domino; adjutor eorum et protector eorum est.

Domus Aaron speravit in Domino; adjutor eorum et protector eorum est.

Qui timent Dominum speraverunt in Domino; adjutor eorum et protector eorum est.

Dominus memor fuit nostri, et benedixit nobis.

Benedixit domui Israel, benedixit domui Aaron.

Benedixit omnibus qui timent Dominum, pusillis cum majoribus.

Adjiciat Dominus super vos, super vos et super filios vestros.

Benedicti vos à Domino, qui fecit cœlum et terram.

Cœlum cœli Domino: terram autem dedit filiis hominum.

Non mortui laudabunt te, Domine, neque omnes qui descendunt in infernum.

Sed nos qui vivimus, benedicimus Domino: ex hoc nunc et usque in sæculum.

Gloria Patri, etc.

Ant. Nos qui vivimus, benedicimus Domino.

CAPITULE.

BENEDICTUS Deus, et Pater Domini nostri Jesu Christi, qui benedixit nos in omni benedictione spirituali, in cœlestibus in Christo, sicut elegit nos in ipso antè mundi constitutionem, ut essemus sancti et immaculati in conspectu ejus in charitate.

℟. Deo gratias.

HYMNE.

O luce qui mortalibus
Lates inaccessâ, Deus!
Præsente quo sancti tremunt
Nubuntque vultus angeli.

Hic, ceu profundâ conditi
Demergimur caligine:
Æternus ad noctem suo
Fulgore depellet dies.

Hunc nempè nobis præparas,
Nobis reservas hunc diem,
Quem vix adumbrat splendida
Flamantis astri claritas.

Moraris, heu! nimis diu
Moraris, optatus dies:
Ut te fruamur, noxii
Linquenda moles corporis.

His cùm soluta vinculis
Mens evolârit, ô Deus!
Videre te, laudare te,
Amare te non desinet.

Ad omne nos apta bonum,
Fæcunda donis Trinitas:
Fac lucis usuræ brevi,
Æterna succedat dies. Amen.

℣. In Deo laudabimur totâ die.
℟. Et in nomine tuo confitebimur in sæculum.

Cantique de la Ste Vierge.

Luc 1. *v*. 46.

Magnificat anima mea Dominum.

Et exultavit spiritus meus, in Deo salutari meo.

Quia respexit humilitatem ancillæ suæ, ecce enim ex hoc beatam me dicent omnes generationes

Quia fecit mihi magna qui potens est, et sanctum nomen ejus.

Et misericordia ejus à progenie in progenies, timentibus eum.

Fecit potentiam in brachio suo; dispersit superbos mente cordis sui.

Deposuit potentes de sede, et exaltavit humiles.

Esurientes implevit bonis, et divites dimisit inanes.

Suscepit Israel puerum suum, recordatus misericordiæ suæ.

Sicut locutus est ad patres nostros, Abraham, et semini ejus in sæcula.

Gloria Patri, etc.

PRIÈRE AVANT L'EXAMEN.

O Jésus! qui êtes mon Sauveur et qui devez un jour être mon Juge, je me prosterne à vos pieds pour vous demander votre divine lumière. Je veux, ô mon Dieu, aller aux pieds de votre ministre pour vous faire en sa personne l'aveu de mes misères et de mes fautes. Je sais que j'en ai commis beaucoup, mais ma légèreté, mon ignorance, l'ennemi de mon salut peut-être pourraient m'en cacher une grande partie. Daignez donc, ô vraie lumière de mon âme, éclairer les profondeurs de ma conscience, en dérouler les plis et les replis; faites les moi connaître comme vous les connaissez afin que je puisse les accuser sur la terre et pendant ma vie comme j'aurai à les reconnaître devant vous après ma mort.

O ma Mère! Mère de toute bonté, venez à mon aide pendant cet examen que je vais faire de ma conscience; obtenez-moi surtout cette grâce, que si je venais à oublier quelqu'une de mes fautes, que cet oubli ne me soit pas imputé.

Mon bon Ange gardien, ma sainte patrone, je réclame aussi votre secours, aidez-moi à me reconnaître telle que je suis devant Dieu!

PETIT EXAMEN DE CONSCIENCE.

Avez-vous été fidèle à toutes les vérités de la foi ; vous êtes-vous appliquée à les apprendre soit en étudiant le Catéchisme, soit en écoutant attentivement les explications qu'on en fesait ?

Avez-vous négligé ou évité d'entendre la parole de Dieu dans l'Eglise ?

Avez-vous lu des livres ou écouté avec lâcheté ou complaisance des paroles contre la religion ou ses ministres ?

En avez-vous dit vous même ?

Avez-vous différé de vous convertir en comptant sur la bonté de Dieu ?

Après quelque faute grave vous êtes-vous découragée et enfoncée plus avant dans le mal, et par suite avez-vous désespéré de votre salut ?

Avez-vous aimé Dieu ?

Lui avez-vous donné votre première pensée à votre réveil ?

Avez-vous fait vos prières ordinaires le matin et le soir ?

Les avez-vous faites de cœur à genoux et avec modestie ?

Avez-vous invoqué la Très-Sainte Vierge et les Saints ?

Avez-vous respecté les images et les choses saintes ?

Vous êtes-vous tenue dans l'église avec respect et recueillement?

Avez-vous blasphémé le saint nom de Dieu?

Dans vos remords ou vos peines vous êtes-vous laissée aller à des sentiments ou à des paroles contraires à la résignation que vous devez à l'adorable volonté de Dieu?

2.e COMMANDEMENT.

Avez-vous juré? Quels juréments avez-vous faits? Etait-ce pour la vérité, pour le mensonge?

Avez-vous prononcé des imprécations contre les personnes, les animaux, le temps, etc. etc.

3.e COMMANDEMENT.

Avez-vous assisté à la Sainte-Messe le Dimanche et les fêtes obligatoires? Avec quels sentiments et quelle tenue extérieure y avez-vous assisté?

Autant que possible vous êtes-vous rendue aux vêpres et aux sermons?

4.e COMMANDEMENT.

Avez-vous respecté vos parents et ceux qui ont autorité sur vous?

Avez-vous murmuré contre eux?

Leur avez-vous désobéi? Mal répondu?

En avez-vous mal parlé?

Avez-vous maltraité vos frères ou vos sœurs?

5.e COMMANDEMENT.

Avez-vous eu de l'aversion pour votre prochain?

L'avez-vous maltraité en action ou en parole? En avez-vous dit du mal? Ce mal était-il vrai? L'avez-vous exagéré par malice?

Avez-vous écouté avec plaisir ou complaisance le mal qu'on en disait?

Lui avez-vous souhaité du mal?

Avez-vous refusé de lui pardonner? ou même de demander pardon quand vous étiez le premier coupable?

Vous êtes vous vengé?

Par vos paroles ou vos exemples avez-vous porté les autres au mal?

6.e ET 9.e COMMANDEMENTS.

Contre la sainte vertu de modestie avez-vous péché par pensées? Regards? Paroles? Actions?

Avez-vous été modeste dans la manière de vous vêtir?

Vous êtes vous éloignée des occasions dangereuses comme bals, sociétés suspectes, etc.?

Avez-vous fui ceux qui parlaient ou qui se comportaient mal?

Les avez-vous eu en horreur?

7.e COMMANDEMENT.

Avez-vous pris ce qui n'était pas à vous, des fruits ou autres choses?

Avez-vous fait du tort à autrui en gardant mal le bétail, ou le laissant aller exprès dans le bien des autres?

Avez-vous engagé les autres à voler?

Avez-vous aidé à voler et partagé les choses?

Avez-vous rendu ce que vous aviez trouvé?

Avez-vous trompé dans les ventes, dans les jeux?

8.e COMMANDEMENT.

Avez-vous menti? Par malice? Par amusement, pour vous excuser ou pour excuser les autres?

COMMANDEMENTS DE L'ÉGLISE.

Vous êtes-vous confessée lorsque la loi de l'église ou les besoins de votre âme vous en fesaient un devoir?

Vous étiez-vous bien examinée sincèrement, confessée et excitée à la contrition?

Avez-vous bien accompli la pénitence?

Avez-vous communié à Pâques?

Avez-vous mangé des aliments défendus en jour de jeûne et d'abstinence?

PÉCHÉS CAPITAUX.

Vous êtes-vous livrée à l'orgueil? Au désir de plaire? Dans vos habits, votre coiffure, vos manières?

Avez-vous méprisé les autres?

Avez-vous cherché à vous attirer des louanges directement ou indirectement?

Vous êtes-vous livrée à la colère?

Avez-vous excédé dans le boire ou le manger?

Vous êtes-vous dérangée?

Par paresse, par un amour excessif du travail ou de gain, avez-vous mal fait à demi ou entièrement omis vos devoirs de chrétien?

Par amour du plaisir ou du jeu avez-vous négligé vos autres devoirs?

APRÈS L'EXAMEN ET AVANT LA CONFESSION.

Voilà donc mes fautes! ô mon Dieu! ô mon souverain juge! et peut être encore en est-il bien d'autres que je ne vois pas et que vous voyez. Je me reconnais devant vous coupable et tout indigne de votre miséricorde; je reconnais et j'avoue que si vous me traitez selon votre justice je n'aurai à attendre que votre indignation et votre colère! Car ô mon Dieu j'ai péché, j'ai beaucoup péché, malgré tant de promesses que je vous avais faites de vous être fidèle.

Mais ô Dieu d'amour et de bonté j'espère tout de votre miséricorde infinie! Je déplore mes faiblesses, je déteste mes fautes, je les ai en horreur et vous proteste que je préférerais la mort mille fois plutôt que de les commettre de nouveau. O bon Jésus! O mon aimable Sauveur, je me jettte aux pieds de votre croix, de cette croix mon unique espérance; c'est sur cette croix que vous avez souffert pour moi, que vous avez pleuré, détesté mes péchés. Faites, ô mon Dieu que comme vous et avec vous je les pleure et les déteste; puissé-je y mourir aussi de douleur et d'amour!

O mère de pitié! Et vous aussi vous avez pleuré mes péchés aux pieds de la croix! Vos l'armes ont coulé avec abondance sur les malheurs de mon âme. Que les miennes coulent aussi, ô mère de grâce, et qu'elles me fassent obtenir l'entière rémission de mes fautes, et l'amour de votre adorable fils. Ainsi soit-il.

PRIÈRE APRÈS LA CONFESSION.

Soyez béni ô mon Dieu de votre grande miséricorde. Je vous remercie avec une humilité profonde et une bien vive reconnaissance des sages conseils, des douces consolations et même des reproches, paternels que vous m'avez adressés par la bouche de votre ministre.

Je suis bien résolue, ô aimable sauveur, d'en bien profiter. Je vous renouvelle ici à vos pieds la protestation que je vous ai déjà faite de vous être fidèle, d'obéir en tout à votre sainte loi et de repousser avec horreur toute pensée, toute occasion qui lui serait contraire.

Mais Seigneur je n'ose pas compter sur moi, car je connais trop ma faiblesse ; mais c'est sur vous et votre sainte mère que je compte ô mon Dieu pour ma persévérance ! Seigneur, j'espère en vous et je ne serai pas confondu.

FIN.

TABLE.

PAU, IMPRIMERIE DE É. VIGNANCOUR.

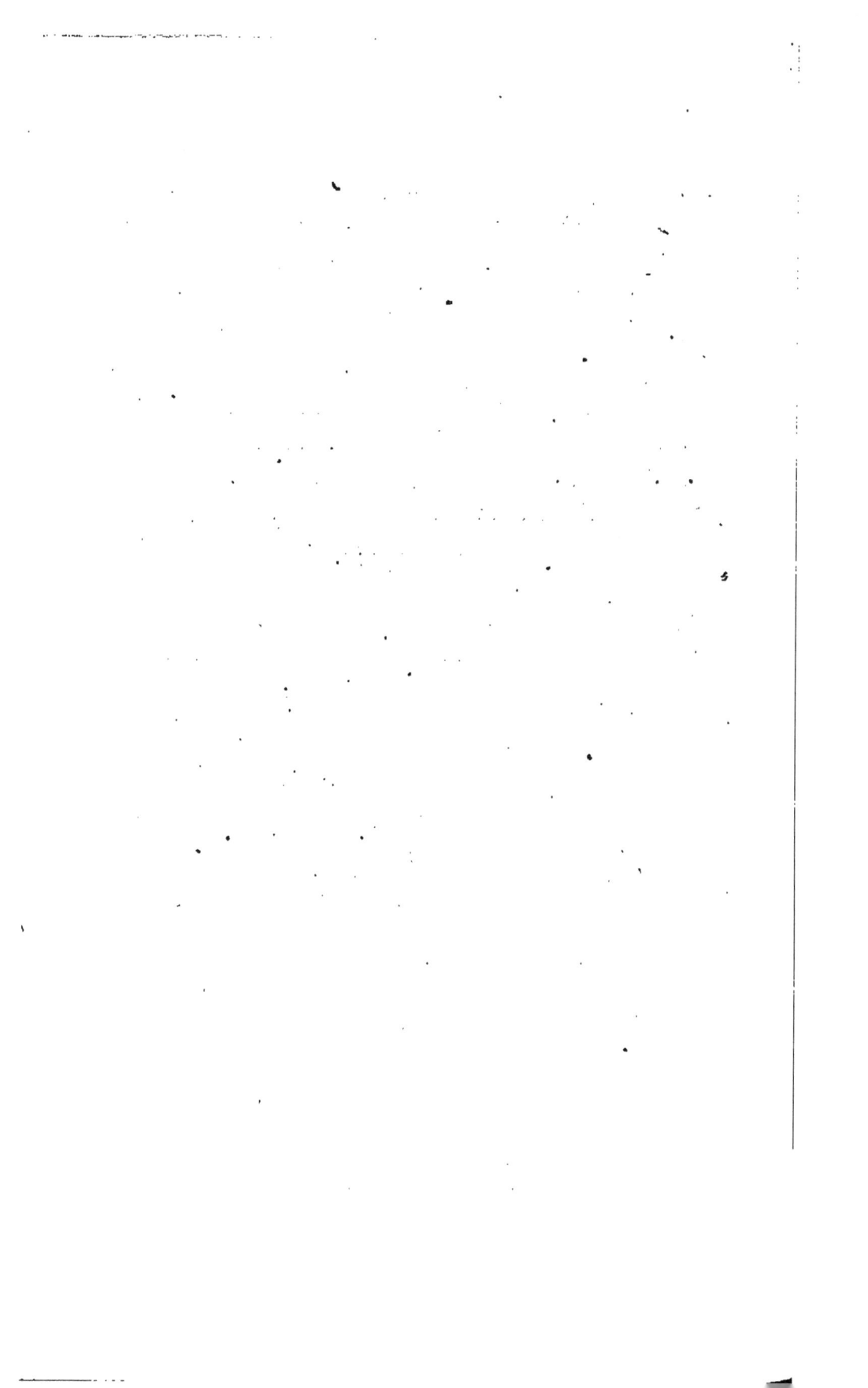

www.ingramcontent.com/pod-product-compliance
Lightning Source LLC
Chambersburg PA
CBHW052033270326
41931CB00012B/2473